目录

一 空城 16

二 月空下 21

三 水缸 30

四 五颗柿子 40

五 废墟下的"蛇" 46

六 吊篮 50

七 老鼠 54

八 第一桶水 59

九 小小的背影 66

十 橘花小屋 72

十一 被锁着的米店 82

十二 黑瓦罐 90

十三 "我不是强盗" 93

十四 小猫 98

十五 一群野狗 103

十六 再一次击退 109

十七 飞行的绳索 114

十八 小丫,你在哪儿? 125

十九 桂花树 131

二十 药 136

二十一 鹁鸪 140

二十二 锤子 146

二十三 庄严的墙壁 149

二十四 金叔的童话 155

二十五 小号声声 160

后　记 164

曹文轩作品获奖记录 166

曹文轩，北京大学中文系教授，中国作家协会主席团委员，北京作家协会副主席。著有长篇小说《草房子》《青铜葵花》《红瓦》《根鸟》《细米》《山羊不吃天堂草》《火印》《蜻蜓眼》以及"大王书"系列、"我的儿子皮卡"系列、"丁丁当当"系列等。创作并出版图画书《远方》《小野父子去哪儿了？》《飞翔的鸟窝》《羽毛》《柏林上空的伞》等五十余种。学术性著作有《中国八十年代文学现象研究》《第二世界——对文学艺术的哲学解释》《二十世纪末中国文学现象研究》《小说门》等。人民文学出版社出版《曹文轩文集》（19卷）。《草房子》印刷超过500次，印量超过2000万册。《草房子》《青铜葵花》《红瓦》等被译为英文、法文、德文、希腊文、日文、韩文、瑞典文、丹麦文、葡萄牙文、俄文、意大利文等七十余种文字。获全国优秀儿童文学奖、宋庆龄文学奖、冰心文学奖、国家图书奖、输出版优秀图书奖、金鸡奖最佳编剧奖、中国电影华表奖、德黑兰国际电影节"金蝴蝶"奖、北京市文学艺术奖等重要奖项六十余种。2016年获得国际安徒生奖，是中国第一位获此殊荣的作家。

在奥克兰公园

在国际安徒生奖颁奖典礼上

文学：另一种造屋

曹文轩

我为什么要——或者说我为什么喜欢写作？写作时，我感受到的状态，是一种什么样的状态，我一直在试图进行描述。但各种描述，都难以令我满意。后来，有一天，我终于找到了一个确切的、理想的表达：写作便是建造房屋。

是的，我之所以写作，是因为它满足了我造屋的欲望，满足了我接受屋子的庇荫而享受幸福和愉悦的欲求。

我在写作，无休止地写作；我在造屋，无休止地在造屋。

当我对此"劳作"细究，进行无穷追问时，我发现，其实每个人都有造屋的情结，区别也就是造屋的方式不一样罢了——我是在用文字造屋：造屋情结与生俱来，而此情结又来自于人类最古老的欲望。

记得小时候在田野上或在河边玩耍，常常会在一棵大树下，用泥巴、树枝和野草做一座小屋。有时，几个孩子一起做，忙忙碌碌，很像一个人家真的盖房子，有泥瓦工、木工，还有听使唤的杂工。一边盖，一边想象着这个屋子的用场。不是一个空屋，里面还会放上床、桌子、书柜等家什。谁谁谁睡在哪张床上，谁谁谁坐在桌子的哪一边，不停地说着。一座屋子里，有很多空间分割，各有各的功能。有时好商量，有时还会发生争执，最严重的是，可能有一个霸道的孩子因为自己的愿望未能得到满足，恼了，突然一脚踩烂了马上就要竣工了的屋子。每逢这样的情况，其他孩子也许不理那个孩子了，还骂他几句很难听的，也许还会有一场激烈的打斗，直打得鼻青脸肿"哇哇"地哭。无论哪一方，都觉得事情很重大，仿佛那真是一座实实在在的屋子。无论是希望屋子好好地保留在树下的，还是肆意要毁坏屋子的，完全把这件事看成了大事。当然，很多时候是非常美好的情景。屋子盖起来了,大家在嘴里发出"噼里啪啦"一阵响,表示这是在放庆贺的爆竹。然后,就坐在或跪在小屋前,静静地看着它。终于要离去了,孩子们会走几步就回头看一眼,很依依不舍的样子。回到家,还会不时地惦记着它,有时就有一个孩子在过了一阵子后,又跑回来看看,仿佛一个人离开了他的家,到外面的世界去流浪了一些时候,现在又回来了,回到了他的屋子、他的家的面前。

我更喜欢独自一人盖屋子。

那时,我既是设计师,又是泥瓦工、木匠和听使唤的杂工。我对我发布命令:"搬砖去!"于是,我答应了一声:"哎!"就搬砖去——哪里有什么砖,只是虚拟的一个空空的动作,一边忙碌一边不住地在嘴里说着:"这里是门!""窗子要开得大大的!""这个房间是爸爸妈妈的,这个呢——小的,不,大的,是我的!我要睡一个大大的房间!窗子外面是一条大河!"……那时的田野上,也许就我一个人。那时,也许四周是滚滚的金色的麦浪,也许四周是正在扬花的一望无际的稻子。我很投入,很专注,除了这屋子,就什么也感觉不到了。那时,也许太阳正高高地悬挂在我的头上,也许很快落进西方大水尽头的芦苇丛中了——它很大很大,比挂在天空中央的太阳大好几倍。终于,那屋子落成了。那时,也许有一支野鸭的队伍从天空飞过,也许,天空光溜溜的,什么也没有,就是一派纯粹的蓝。我盘腿坐在我的屋子跟前,静静地看着它。那是我的作品,没有任何人参与的作品。我欣赏着它,这种欣赏与米开朗基罗完成教堂穹顶上一幅流芳百世的作品之后的欣赏,其实并无两样。可惜的是,那时我还根本不知道这个意大利人——这个受雇于别人而作画的人,每完成一件作品,总会悄悄地在他的作品的一个不太会引起别人注意的地方,留下自己的名字。早知道这一点,我也会在我的屋子的墙上写上我的名字的。屋子,作品,伟大的作品,我完成的。此后,一连许多天,我都会不住地惦记着我的屋子,我的作品。我会常常去看它。说来也奇怪,那屋子是建在一条田埂上的,那田埂上会有去田间劳作的人不时地走过,但那屋子,却总是好好地还在那里。看来，所有见到的人，都在小心翼翼地保护着它。直到一天夜里或是一个下午，一场倾盆大雨将它冲刷得了无痕迹。

再后来就有了一种玩具——积木。

那时，除了积木，好像也就没有什么其他的玩具了。一度，我对积木非常着迷——更准确地说，依然是对建造屋子着迷。我用这些大大小小、形状不一、颜色各异的积木，建造了一座又一座屋子。与在田野上用泥巴、树枝和野草盖房子不同的是，我可以不停地盖，不停地推倒再盖——盖一座与之前不一样的屋子。我很惊讶，就是那么多的木块，居然能盖出那么多不一样的屋子来。除了按图纸上的样式盖，我还会别出心裁地利用这些木块的灵活性，盖出一座又一座图纸上并没有的屋子来。总有罢手的时候，那时，必定有一座我心中理想的屋子矗立在床边的桌子上。那座屋子，是谁也不能动的，只可以欣赏。它会一连好几天矗立在那里，就像现在看到的一座经典性的建筑。直到一只母鸡或是一只猫跳上桌子毁掉了它。

现在我知道了，屋子，是一个小小的孩子就会有的意象，因为那是人类祖先遗存下的意象。这就是为什么第一堂美术课老师往往总是先在黑板上画上一个平行四边形，然后再用几条长长短短、横着竖着的直线画一座屋子的原因。

屋子就是家。

屋子的出现，跟人类对家的认知联系在一起的。家就是庇护，就是温暖，就是灵魂的安置之地，就是生命延续的根本理由。其实，世界上发生的许许多多事情，都是和家有关的。幸福、苦难、拒绝、祈求、拼搏、隐退、牺牲、逃逸、战争与和平，所有这一切，都与家有关。成千上万的人呼啸而过，杀声震天，血沃沙场，只是为了保卫家园。家是神圣不可侵犯的。这就像高高的槐树顶上的一个鸟窝不可侵犯一样。我至今还记得小时候看到的一个情景：一只喜鹊窝被人捅掉落在了地上，无数的喜鹊飞来，不住地俯冲，不住地叫唤，一只只都显出不顾一切的样子，对靠近鸟窝的人居然敢突然劈杀下来，让在场的人不能不感到震惊。

家的意义是不可穷尽的。

当我终于长大时，儿时的造屋欲望却并没有消退——不仅没有消退，随着年龄的增长、对人生感悟的不断加深，而愈加强烈。只不过材料变了，不再是泥巴、树枝和野草，也不再是积木，而是文字。

文字建造的屋子，是我的庇护所——精神上的庇护所。

无论是幸福还是痛苦，我都需要文字。无论是抒发，还是安抚，文字永远是我无法离开的。特别是当我在这个世界里碰得头破血流时，我就更需要它——由它建成的屋，我的家。虽有时简直就是铩羽而归，但毕竟我有可归去的地方——文字屋。而此时，我会发现，那个由钢筋水泥筑成的物质之家，其实只能解决我的一部分问题而不能解决我全部的问题。

还有，也许我如此喜欢写作——造屋，最重要的原因是它满足了我天生想往和渴求自由的欲望。

这里所说的自由，与政治无关。即使最民主的制度，实际上也无法满足我们自由的欲望。第二次世界大战结束后，作为参与者的萨特说过一句话，这句话听上去让人感到非常刺耳，甚至令人感到极大的不快。他居然在人们欢庆解放的时候说："我们从来没有拥有比在德国占领期更多的自由。"他曾经是一个革命者，他当然不是在赞美纳粹，而是在揭示这样一个铁的事实：这种自由，是无论何种形态的社会都无法给予的。在将自由作为一种癖好，作为生命追求的萨特看来，这种自由是根本无法实现的。但他找到了一种走向自由的途径：写作——造屋。

人类社会如果要得以正常运转，就必须讲义务和法则，就必须接受无数条条框框的限制。而义务、法则、条条框框却是和人的自由天性相悖的。越是精致、严密的社会，越要讲义务和法则。因此，现代文明并不能解决自由的问题。但自由的欲望，是天赋予的，那么它便是合理的，是无可厚非的。对立将是永恒的。智慧的人类找到了许多平衡的办法，其中之一，就是写作。你可以调动文字的千军万马。你可以将文字视作葱茏草木，使荒漠不再。你可以将文字视作鸽群，放飞无边无际的天空。你需要田野，于是就有了田野。你需要谷仓，于是就有了谷仓。文字无所不能。

作为一种符号，文字本是一一对应这个世界的。有山，于是我们就有了"山"这个符号。有河，于是我们就有了"河"这个符号。但天长日久，许多符号所代表的对象已不复存在，但这些符号还在，我们依然一如往常地使用着。另外，我们对这个世界的叙述，常常是一种回忆性质的。我们在说"一棵绿色的小树苗"这句话时，并不是在用眼睛看着它，用手抓着它的情况下说的。事实上，我们在绝大部分情况下，实在用语言复述我们的身体早已离开的现场，早已离开的时间和空间。如果这样做是非法的，你就无权在从巴黎回到北京后，向你的友人叙说卢浮宫——除非你将卢浮宫背到北京。而这样要求显然是愚蠢的。还有，我们要看到语言的活性结构，一个"大"字，可以用它来形容一只与较小的蚂蚁相比而显得较大的蚂蚁——大蚂蚁，又可以用它来形容一座白云缭绕的山——大山。一个个独立的符号可以在一定的语法之下，进行无穷无尽的组合。所有这一切都在向我们诉说一个事实：语言早已离开现实，而成为一个独立的王国。这个王国的本质是自由。而这正契合了我们的自由欲望。这个王国有它的契约。但我们可以在这一契约之下，获得广阔的自由。写作，可以让我们的灵魂得以自由翱翔，可以让我们自由之精神，得以光芒四射。可以让我们自由向往的心灵得以安顿。

为自由而写作，而写作可以使你自由。因为屋子属于你，是你的空间。你可以在你构造的空间中让自己的心扉完全打开，让感情得以充分抒发，让你的创造力得以淋漓尽致的发挥。而且，造屋本身就会让你领略自由的快意。房子坐落在何处，是何种风格的屋子，一切，有着无限的可能性。

当屋子终于按照你的心思矗立在你的眼前时,你的快意一定是无边无际的。那时,你定会对自由顶礼膜拜。

造屋,自然又是一次审美的历程。房子,是你美学的产物,又是你审美的对象。你面对着它——不仅是外部,还有内部,它的造型,它的结构,它的气韵,它与自然的完美合一,会使你自然而然地进入审美的状态。你在一次又一次的审美过程中又得以精神上的满足。

再后来,当我意识到了我所造的屋子不仅仅是属于我的,而且是属于任何一个愿意亲近它的孩子时,我完成了一次理念和境界的蜕变与升华。再写作,再造屋,许多时候我忘记了它们与我的个人关系,而只是在想着它们与孩子——成千上万的孩子的关系。我越来越明确自己的职责:我是在为孩子写作,在为孩子造屋。我开始变得认真、庄严,并感到神圣。我对每一座屋子的建造,殚精竭虑,严格到苛求。我必须为他们建造这世界上最好、最经得起审美的屋子,虽然我知道难以做到,但我一直在尽心尽力地去做。

孩子正在成长过程中,他们需要屋子的庇护。当狂风暴雨袭击他们时,他们需要屋子。天寒地冻的冬季,这屋子里生着火炉。酷暑难熬的夏日,四面窗户开着,凉风习习。黑夜降临,当恐怖像雾在荒野中升腾时,屋子会让他们无所畏惧。这屋子里,不仅有温床、美食,还有许多好玩的开发心智的器物。有高高矮矮的书柜,屋子乃为书,而这些书为书中之书。它们会净化他们的灵魂,会教他们如何做人。它们犹如一艘船,渡他们去彼岸;它们犹如一盏灯,导它们去远方。

对于我而言,我最大的希望,也是最大的幸福,就是当他们长大离开这些屋子数年后,他们会时不时地回忆起曾经温暖过、庇护过他们的屋子,而那时,正老去的他们居然在回忆这些屋子时有了一种乡愁——对,乡愁那样的感觉。这在我看来,就是我写作——造屋的圆满。

生命不息，造屋不止。既是为我自己，更是为那些总让我牵挂、感到悲悯的孩子们。

在国际安徒生奖颁奖典礼上的致辞

一 空城

敌人的飞机、大炮连续不断地轰炸着这座城市,眼下它已经是一片废墟,看不到一个人。其实,早在轰炸之前,这座城里的人,就已经得到来自各方面的消息,纷纷撤离了,这座城市已经差不多是一座空城。但即便如此,敌人也一定要将它摧毁。因为在他们看来,这座处于战略要地的城市,随时可能又变成巨大的碉堡,从而使他们蓄谋已久的阴谋遭到破坏。所以,它必须是废墟;所以,它必须从这个世界上消失。他们不想看到人们很快就又重建家园,很快让它再度变成生机勃勃的城市。他们发誓要"赶尽杀绝",也就是说,等轰炸结束后,他们马上就会开进已经是废墟的城市,进行地毯式搜查,对还坚守在城中的人"格杀勿论"。因此,那些未能提前撤离的人,也都赶在炮火还未停息时,纷纷逃亡他乡。

它已是一座名副其实的空城。

处于城市西北方向的一座监狱基本上也被炸毁了,但有一角仍奇迹般矗立在那里。它的四周,都是断裂后留下的钢筋和垂挂在钢筋上的一嘟噜一嘟噜的水泥块,看上去就像是一个残肢断臂的巨人摇摇晃晃地站立在天空下。没有人能说得清楚,这座监狱里的囚犯是在轰炸之前已经撤离了,还是都被埋在了废墟下。但就在那一角的第二层,依然有一间囚室完好无损地保留了下来,里面居然还有一个囚犯。

在城市被轰炸的头一天,他好像就已经被遗忘,无论他怎么敲打囚室的铁门、发出声嘶力竭的叫喊,都无人搭理。轰炸初时,他极度恐慌,双手紧紧地抓着粗粗的铁条,将脸挤在铁窗口大声喊叫着,希望有人来放他出去。他的脸因为挤压而严重变形,可是直到喊得嗓音嘶哑,也没有任何人出现。他绝望地顺着墙壁往地上瘫去时,那双干焦的手依然还抓着铁条。随着身体的慢慢瘫软,这双手也一点儿一点儿地下滑着。

轰炸不断,远远近近的轰炸声此起彼伏,几声震耳欲聋的爆炸声之后,他的耳朵一下子听不见了,好像一下子成了一个无声的世界。他仿佛感觉到他身体所在的建筑还在颤抖,犹如他在少年时一个深夜所经历过的强烈地震。他在那一刻,想到了这座建筑马上就要倒塌,而他会被活生生地掩埋。他恐惧地瞪大了眼睛。但随着建筑的颤抖渐渐减缓,他倒希望它在一瞬间土崩瓦解。这也许是很不错的解脱呢!

周围建筑倒塌而激起的灰尘,浓烟一般地往囚室内滚动而来,他一时间什么也看不见了,而当时是中午,正是太阳明亮地照着大地的时候。他瘫坐在铁窗下,不得不本能地闭上眼睛。不知过了多久,他才试着睁开眼睛。灰尘还在从铁窗口射进的阳光里飘动,看上去就像成群的身体细小的飞虫在飞舞。他好奇地看着眼前的景象,一时间忘记了自己的处境。他的听觉不知何时已经恢复,在一连串的爆炸声于不远处响起时,他又重新陷入不安与恐惧之中。

爆炸声似乎没有终结的时候,这使他渐渐麻木了。后来,他居然在铁窗下睡着了。等他醒来时,已经是那天的黄昏。爆炸声还在不时地响起,但好像已经很遥远。他缓缓站起来,将脸再度贴在铁窗上往外看去,眼前的情景使他感到无比惊愕,也无比兴奋:监狱的高墙不知什么时候完全倒塌了,眼前的世界一下子变得十分辽阔。从前,由于高墙离他的囚室铁窗只有一丈左右远,他的视线几乎完全被它挡住了,他能看到的就是它。它几乎就是他能看到的唯一风景。透过永远的铁窗,他曾无聊地看着雨水怎么从附着于高墙的爬山虎的第一片叶子上,跌落到下面第五片叶子上;一只颜色与叶子颜色近似的螳螂,从这片叶子爬到另一片叶子;一只灰色的蜥蜴在秋天贫乏的大墙上鬼鬼祟祟地爬着;那只螳螂——他自认为认识它,随着季节的转换,也在转换着身体的颜色,到了爬山虎的叶子已经变为秋天的褐色时,它也成了褐色……而现在它居然倒下了!面对这一道大墙风景的突然消失,他不免还有点儿遗憾呢。

眼前的辽阔,让他在惊愕和兴奋的同时,甚至微微感到有点儿不适应。他被关在这间小小的囚室里已经快两年了。他好像已经适应了这个小小的世界——不是适应,是已经渐渐接受了一个事实:他只能生活在这个小小的世界。就像一只关在笼中的鸟总希望飞向天空一样,其实他的内心一刻也没有停止过对自由而广阔的世界的向往。然而,他只能看到那一面犹如万丈屏障的高墙。他只能用耳朵去听大墙外的世界。那个世界并不遥远，就在大墙的另一面。他觉得这座监狱好像建在闹市区似的，他能从早晨到深夜听到各种各样的市声：叫卖声、争吵声、歌唱声、一个妇女向她的孩子发出的呼唤声、马车夫向他的马发出的吆喝声以及马的嘶鸣声……

现在，那个只能用耳朵倾听的世界，就在阳光下，就在他眼前。

不幸的是，它已经是一片废墟。满目的残墙断壁。那些曾在囚室听到的声音，又在耳边响起，而在这些声音中，那热闹的街道、连绵不断的铺面和一户户人家也在他的想象中复活了：面馆、酒馆、杂货铺、米店、绸缎庄、菜场、一个有着大院子的人家……

他知道，这座监狱最初建在这座城市的边缘，但城市在不由自主地生长——疯狂地生长。住在城里的人，乡下拥往城里的人，就像春天的蜜蜂一般，越来越多、越来越多。于是或笔直或弯曲的街巷以及大大小小的铺面，在监狱的前后左右陆陆续续地出现了。仅仅十几年的时间，监狱就已经远远不在城市的边缘了，于是它只能用高墙、再在高墙上布上带电的铁丝网，将它与这个喧闹的世界隔开。

从现在起，他将会把一天的大部分时间用来在铁窗口向外张望。也是从现在起，他希望能有一个人从废墟里爬出来给他帮助；如果不能，用不了多久，他就会活活饿死在这小小的囚室。他神情呆滞地看着窗外：到处一片狼藉，样子狰狞可怕。四五十米开外，一辆几乎完好无损的马车，倒是让他的目光闪亮起来，并让他有了痴迷的遐想。那大概是一辆用来载客的马车，装有可以遮风避雨的篷子，很像一座小屋。看得出来，它原本停在一户人家的院子里，现在院墙倒塌了。他想象自己戴着一顶很精神的短檐草帽，赶着马车，挥着鞭子，吆喝着在车水马龙的大街上行驶；又想象自己很惬意地坐在马车上，让那个赶马车的人随便将自己带到什么地方——不，一直载着他，将他送到老家，那个江边小村。

终于知道这是胡思乱想,他就又恢复到呆滞状态。那时的窗外就只剩下了毫无生机的废墟……

二 月空下

轰炸还在继续,但已经远在天边,听上去像是在梦中。

也许那些逃往他乡的人还不清楚他们现在能不能返回家园,也许敌人还在城外驻扎着——他们驻扎着是因为我们的军队趁机围拢,将他们牵制住了,使他们进退不得;也许那些逃离的人已经听说整座城市现在是一片废墟,不想再返回这片伤心之地了,反正没有一个人出现在这个囚犯的视野里。而他已经快要坚持不住了。他的嗓子早已焦干,好像在冒烟,他想用唾沫去湿润它,但哪里还有唾沫!他已经是一口干枯的井了。他的嘴唇已经爆皮,裂开一道道口子,流出的血已经凝成了黑色。他的肚子已经瘪到快要前后贴在一起。他越来越站不住了,但还在用双手死死抓着铁条,眼巴巴地看着窗外。他看见不远处就有一只水缸。那水缸摆放在一个人家的院子里,院子的院墙已经在轰炸中倒掉了一半。阳光下,他能看见水缸里的水闪烁着迷人的光点。他先是目不转睛地看着,但很快将目光挪移了开去。他受不了那只水缸的刺激,因为那里头的水只能使他感到更加饥渴!

他的嗓子好像已经不哑了,但他已无力叫喊了。叫喊了也没有用,这个世界好像已经没有人了。他不想再抱有任何希望了,而应当瘫坐在地上,省点儿力气,好好想想他的前生今世。因为也许不久之后,他就要告别这个世界了。他有点儿后悔自己做了江洋大盗,但同时也为自己找到了一百条、一千条借口。他无比怀念他的故乡——那个长江边上的小山村。湿润,清新,满眼风景。总有帆船经过,船家唱着歌,也不知道他们从何处而来,又到何处去。小小的鱼鹰船在雾气里忽隐忽现,有时看上去,就像是一条大鱼。披着蓑衣的渔人,不时地撒网——那网在阳光下闪烁着光芒,完全张开时,呈圆形,很像是一轮落水的月亮。背后是大山,古老的林子里,不时有猴子的叫声、猫头鹰的哀嚎和各种鸟儿的鸣唱。

他没有见过父亲——父亲早在他还在母亲的腹中熟睡时就离开了这个世界。他是为了救被洪水卷走的妻儿而离开这个世界的。父亲的墓就在江边的坡上，但那是一座空墓——父亲的遗体一直没有找到，也许被滚滚的洪水冲到很远很远的地方去了。每年清明，母亲都会带着他到父亲的墓前祭奠。母亲告诉他，那天父亲就是从这里俯冲而下，扑进滔滔洪水的。母亲也许还活着吧？他还是在被送进这座监狱前的一个春天的黄昏见过母亲。他站在一棵大树背后悄悄看着母亲，因为母亲不愿意见他。母亲说："早知道你今天干这种勾当，你老子还不如不救我们母子呢！"三年过去了，她那灰白的头发大概完全白了吧？他很想流一点儿眼泪，却流不出来——他的身体正在一点儿一点儿枯萎。他只能在心里流泪。他一生也许有很多遗憾，那么最大的遗憾是什么呢？也许是没有成家，至今孤身一人吧？他多么希望自己有个孩子，最好是男孩——当然，女孩他也会很喜欢的。但，这可能永远只是一个梦了。他只能在没有任何人陪伴的情况下上路，就从这无人问津的小小囚室上路……

后来，他睡着了。睡梦中，他分不清楚自己是睡着了，还是已经死了。

月亮从东边的废墟中悠悠升上天空，纯净得没有一丝杂质的光华，安静地照耀着无边无际的空城。平坦的大地上，楼房、高墙差不多都已倒塌，到处是残墙断壁留下的高高矮矮的影子。而那些本来被楼房和高墙遮挡着的树——枣树、柿子树、石榴树、海棠树、榆树、香樟树等树木，却没有在轰炸中倒下，依然屹立在天空下。许多鸟窝也在轰炸中逃过一劫，在月光下看去很像一只只篮子不知何时落在了那些树木的枝杈之间。

他好像听到了一个孩子的哭声。这哭声很细弱，有一声无一声，时续时断。他惊了一下，睁开了沉重的眼皮，但不一会儿又闭上了。他模模糊糊地觉得自己是在做梦。但，没过多久，那哭声再度响起，而且越来越清晰了。他又是一惊，这一惊差不多惊醒了他。他甚至能够听出，那是一个女孩的哭声，而且是一个小女孩的哭声。他再度睁开眼睛，在脑海中认定：这不是梦，也不是幻觉。他没有立即起来。他想让自己再听一听这哭声。

女孩的哭声好像流水一样，流进了月光，然后和月光一道流进了黑色的铁窗。

他渐渐颤抖起来，并且在女孩的哭声中颤抖得越来越厉害。他担心自己再也不能从冰凉的地面上站立起来了。他很害怕——害怕的并不只是自己的安危，而是无缘无故地为那个他还没有看见的女孩担心起来：她是谁家的孩子？这空无一人的废墟上怎么会有一个小女孩呢？她从哪儿来？她要去哪儿？她吃饭了吗？她住在哪儿？……他越想越觉得这个小女孩没有了家，也没有了亲人，是一个孤苦伶仃的小女孩——至少现在是。他想象着她在废墟上磕磕绊绊地走着，在寻找她的亲人，或是寻找可以填肚子的食物。她也许比他的境况会好很多，但她毕竟是一个小女孩，不一定能在这片废墟中间找到食物。他尝试着站起来，但几次都未能成功。他的双腿就像棉花一般无力。他有点儿急躁起来，失去水分的身体竟然出了一身的虚汗。在又一次尝试着站起来，而又归于失败后，他只好软塌塌地瘫在地上。

小女孩的哭声渐渐变小，而且听上去好像在往远处走去。

"不！"他在心里叫喊着，脑子从未有过地清楚：现在，她最需要的是看到人，看到一个大人！

他居然轻飘飘地站了起来。他双手抓住窗上的铁条，向外面看去。没有孩子。他用眼睛四处寻找。也许那孩子在很远的地方，也许被断墙挡住了，他看到的仅仅是废墟。

"孩子……"他呼唤着。

没有回应。

"孩——子——！"他的声音之大，让他自己都吃了一惊。

那一声呼唤，在废墟的上空震颤着传向远方。

月光下的废城，寂静得如同沉没于荒草丛中的千年墓地。

但响亮的哭声，很快响彻在夜空里。那是拼了命的哭声，是不顾一切的哭声。这天空下，别无声响，就只有这个女孩在哭。它穿越了一切，清晰无比地传入了他那双十分敏锐的耳朵。

"孩子……"

他从起伏颠簸的哭声中，感觉到那个女孩在向他这里奔跑。他在心中说着："孩子，慢点儿，慢点儿。"他担心废墟会绊倒女孩。这种过分的担心，让他的眼前出现了一连串的形象：鼻孔流血的女孩；面颊被划破的女孩；膝盖被磕破的女孩……

一个看上去很矮小的影子，正朝他这儿跑来。她不再一个劲地大哭，而是小声地呜咽。正如他担心的那样，这矮小的影子，突然趴到了地上——她真的被什么东西绊倒了。

"孩子……"

女孩趴在地上，半天没有起来。

他听到的哭声是撞到地面折返回来的。

"孩子……"

女孩终于爬起来了，但她只是站在那儿，没有继续向他跑来。她好像在辨别方向：那个叫着"孩子"的声音究竟是从哪里传来的呢？

他好像看出了这一点，于是，又大声向她喊道："孩——子——！我——在——这——里——！我——在——这——里——！"

女孩已经确定了他所在的地方，却站在那里"哇哇"大哭起来。

"过来呀！孩子！过来呀！孩子！……"

女孩跑跑停停。

"这儿!这儿!……"

水一般干净的月光下,女孩的形象越来越清晰了。他甚至看到了她的辫子:一根辫子还梳着,而另一根辫子已经散开了。散开的头发在她奔跑时会飘扬在她的脑后,而一旦奔跑停止,就会散落在她的脸上。

"这儿! 这儿! ……"他的声音越来越小。

但那个女孩显然听得清清楚楚,径直向他跑来。

真真切切,就是一个小女孩。他在心里估摸着:这个女孩也就七八岁。她与他的距离已经缩短到她需要仰脸看着他了。朗朗月色之下,几乎能如同在白昼下看清她的小脸:黑黑的眼睛,小小的嘴巴,一头乌发,面颊上的泪水像薄冰一般闪闪发亮。

她也在看着他的脸:长脸,长鼻子,大嘴,光头,一双眼睛亮得像两颗星星。

他觉得女孩好像笑了一下:是因为他的长相有点儿特别吗?

她没有力气了,一屁股坐在了地上,但面孔始终仰着,目不转睛地看着他。她不再哭泣,甚至显得很安静。因为,她终于看到了一个人。这个人对她而言,就像是一只在风浪里漂泊的小船来到了风平浪静的港湾,或者像是一只迷路的羔羊终于走回了它的羊圈。

"孩子,你怎么一个人?"

他很快后悔自己不该这样问她,因为女孩马上又哭了起来,一边哭一边四下张望:"妈妈……爸爸……姥姥……姥爷……"她就这样,用目光在四周的废墟上寻找着。过了一会儿,她又转而看着他的脸,一边哭着一边叫着,

"妈妈……爸爸……姥姥……姥爷……"好像妈妈爸爸姥姥姥爷藏在他这儿似的。

他只能一个劲地说着:"小丫别哭,小丫别哭……"

等她渐渐安静下来,他问道:"小丫叫什么名字?"

"橘花。"

"知道了,菊花。"

正是秋天,附近什么地方就开着菊花,空气里飘散着菊花的香味。

女孩知道他在想什么,忙说:"不是菊花的'菊',是橘子的'橘'。"

他笑了:"知道了,知道了。"

但后来的日子里,他很少叫她的名字,他更喜欢叫她"小丫"。

她看着他,好奇地问:"你为什么不下来呢?"她多么希望他下来呀——如果他能坐在她的身边,她就不害怕了。

他用手摇了摇根本摇不动的铁窗说:"我下不去。"

女孩很困惑:"你打开门出来呀!你为什么不打开门呢?"

"那是铁门,外面锁着呢。"

女孩不明白:"那你怎么被关在里面了呢?"

他支吾了一会儿说:"是……是这……这样的,我住在里……里面,家里人以为我出……出门了,就把……把门给……给锁上了……可不知道为什么,他……他们就再也不……不回来……来了……"

他虽然说得有点儿结结巴巴，但很满意自己编织的这个谎言。他现在绝对不能告诉她：他是一个大盗，他是在牢房里。他断定，她之前一直在恐惧中，现在好不容易看到一个人，恐惧刚刚消失——还没有完全消失，他绝对不能如实告诉她自己是谁，为什么住在这个有铁窗的黑屋子里。

接下来，该是他问她了——他知道他的问话可能随时会触碰她的伤心之处，她一定还会哭的，但他必须搞清楚她为什么会一个人出现在这里。等将一切搞清楚了，他也许能够指引她找到家人，找到自己的家。他问了她很长时间，她不时地哭泣。她断断续续、前言不搭后语地说着，不停地重复着说过的话；他不断地追问、引导、启发，并帮助她回忆所发生的一切。女孩告诉他的，是一个残缺不全的过程。但他通过推断和联想，基本上让这个过程得以完整地呈现了：

女孩并不是这座城里的人，她的家在离这里二百多里地的另一座城市。大约十天前，爸爸将她送到了住在这座城市的姥姥家。几天前，有消息在大街小巷传着：敌人要将这座城市轰毁。人们纷纷收拾起值钱的东西，不分白天黑夜地逃离了。年迈的姥姥姥爷接到妈妈托人捎来的口信，让他们带着橘花在家等着，说她和橘花爸爸立即上路往这里赶，将他们一起接走。姥姥姥爷带着橘花一天一天地等着，却始终不见爸爸妈妈到来，而他们周围的人已经走得差不多了。就在姥姥姥爷决定不再等橘花爸妈、马上就带着橘花离开时，敌人的飞机已经飞临城市的上空，投下了第一批炸弹。不久，炮声就从城外响起，一颗颗炮弹落在了城市的各个地方。姥姥姥爷知道，他们无法从这座城市逃脱了，只好带着橘花继续守在家中。这天傍晚，橘花在没有得到姥姥姥爷允许的情况下，偷偷溜出家门，跑到街口去了。她要在那儿等爸爸妈妈，因为爸爸妈妈说过很快就会赶到的。爆炸声不时地响起，她十分害怕，但还是在空无一人的街头等着。

太阳完全沉没了，往日这个时候，城市早早就会亮起路灯，但现在路灯都没有亮。她害怕了，赶紧往姥姥家走。就在她快要走到姥姥家院子的大门口时，一颗炮弹在附近爆炸了。她不知道发生了什么，只知道自己忽然处在一片黑暗之中。她哭着喊叫着姥姥和姥爷，但没有听到他们的回答。她能够动弹，却怎么也走不出这片黑暗。她不住地喊着爸爸妈妈姥姥姥爷，也不知道在那个黑洞洞的地方待了多久，后来就睡着了。

醒来后，她一边哭着，一边在地上爬，不时地碰到障碍，就只好换个方向爬。也不知爬了多久，她居然闻到了一股烧饼的气味。她已经饿极了，就拼命往发出烧饼味的地方爬去。她忽然想起，距离姥姥家不远就是一个烧饼店，"就是那家烧饼店吗？"她很快就在黑暗里摸到了烧饼。她说不清楚，自己为什么会在那家烧饼店里。她一边吃烧饼，一边哭着。没有人理会她。姥姥姥爷呢？他们在哪儿？他们为什么不来找她？他们难道听不到她的呼唤吗？她不知道在黑暗里待了多久，后来，她爬出来了，但已经想不起来是怎么爬出来的。那时已经是深夜，本来是有月亮的，但赶上了乌云密布的阴天，加上到处是燃烧后的浓烟，因此周围一片漆黑，天地不分。她大声地呼喊着姥姥姥爷，但除了远处还在响着的炮声，就什么声音也没有了。她一边呼唤着姥姥姥爷，一边跌跌撞撞、胡乱地走着，等到天亮时，她已经不知走到什么地方了。阳光下，她想看到她所熟悉的街道，却什么也看不到了。这座城市好像已经没有街道了。她走呀走，实在走不动了，就随便倒在废墟上或是一棵炸劈的树下睡着了，醒来后再接着走。呼唤姥姥姥爷的声音后来几乎只有她自己才能听到。她的眼泪也许流干了，虽然哭着，脸上却是焦干的。就这样，第二个夜晚来临了。这是一个无比晴朗的夜晚。她像白天一样，走走睡睡，睡睡走走，就来到了这里。

他对她说："也许你的爸爸妈妈被军队拦在了城外。"

他对她说："小丫不要害怕，就在叔叔这儿待着。我姓金，你就叫我金叔，或者叫我叔叔。"

她乖巧地点点头。

他想告诉她，也许你的姥姥姥爷已经离开人间了，但他没有说，只是说："姥姥姥爷总会找到这儿来的。"

她又点点头……

三 水缸

他忽然觉得眼前一片漆黑，双手一松，身体随之瘫软在地上。他想让自己马上站起来，好让惶惶不安的橘花一直能看到他的面孔，但他的身体好像已经不再属于他，万分焦急只能像无数的火苗在心里蹿跳着。几次挣扎，几次失败，他无可奈何地叹息了一声——他甚至连叹息的力气都没有了。

当金叔的面孔在她的眼前消失，橘花马上站了起来。她的两只小手紧紧攥着，仰望着铁窗口。

远处的一棵老槐树上，一只乌鸦叫了一声。

橘花回头看了看四周。月光下，那些高高矮矮的断墙、坍塌后扭曲了的屋顶、刺向天空的房梁、炸劈了的老树、弹坑边的土堆，好像是一群黑色的怪物，遍布大地，样子都很狰狞。

"叔叔——"她小声叫着。

他听见了，却无法站起身来。他好像答应了一声，但声音很小，不知道她有没有听见。

"叔叔！"

"叔叔马上就起来，马上……"他觉得自己的脑子里飘着浓浓的雾，搞不清楚是回答小丫了呢，还是只在心里嘀咕了一句。

"叔——叔——！"

橘花惊恐地大叫着。她一直看着铁窗口，好像那儿就是她家的窗户。以前，她经常会和一群孩子在夜幕下玩耍，很疯地玩耍，往往会忘记时间，等到终于想起天已经很晚，该回家了，便独自赶紧往家跑去。尽管心里慌慌张张的，但不一会儿就能看到从自家窗户里流出的灯光，甚至看到在等她回家的爸爸或妈妈的面孔,她马上就不害怕了。在橘花眼里,此刻,这个她以前从未看到过的铁窗,远比无数次看到的自家的窗户重要。

但这个铁窗让她看到只是一根根粗粗的铁条,那个让她安心的面孔好像永远也不会出现了。

她又哭了,并在哭声中一遍又一遍地呼唤着:"叔叔,叔叔……"

他听得分明。他说着:"小丫,叔叔歇一会儿,就歇一会儿,叔叔马上就能站起来,马上!……"他好像是说给自己听的。

橘花向着铁窗又喊叫了几声之后,忽然觉得这个毫无动静的窗户变得有点儿恐怖起来。她一边看着它,一边向后退去,并做出随时准备逃跑的样子。她一会儿不死心地看着它,一会儿又看看四周。

又是一声鸦鸣,随即有一只黑色的大鸟像受惊了一般飞上天空。

橘花哭着:"妈妈,爸爸,姥姥,姥爷……"

很远很远的地方,好像是在天边,依旧有枪炮声。

她离开了,往远处走去。

一股力量像潮水一般漫向全身,他又站了起来:"小丫回来!小丫回来!……"

橘花连忙掉过头去,当看到金叔的面孔再度出现在铁窗前时,她撒丫子跑回来:"叔叔!叔叔!……"

他向她微笑着:"叔叔不会走开的,叔叔会一直守在这儿,直到你姥姥姥爷爸爸妈妈来到这儿……"

可他知道,坚持不了多久,他将会又一次从窗口消失。他急需水和食物。在此之前,他几乎已经放弃了对水和食物的梦想,但现在不行,现在他必须活下去。因为有个叫橘花的女孩需要他,她不能没有他。他看向那个之前他的目光总是在回避的水缸。月光下,那几乎满满一缸的清水,大概是为微风所吹,细密的波纹让月光变成了无数的银色光点,它们跳跃着,犹如一群神秘而美丽的飞虫在水面上飞舞。

"小丫,你渴吗?"

"渴。"她舔了舔嘴唇。

"你往那边看。"

橘花顺着他的手指看过去。

"那边有个水缸,你慢慢地走过去吧。你可以趴在缸边喝,但你不能喝得太多,因为现在是秋天,水已经很凉了。"

橘花看向水缸方向,但依旧犹豫不决地站着不动,因为那只水缸看上去离得好像有点儿远。

"小丫,大胆地走过去吧,叔叔在这儿看着你呢。"

橘花开始慢慢地走向水缸。

他开始为她哼唱一首曲子。那是他小时候妈妈给他唱的曲子。后来,他走过许多地方,但从未在其他地方听到过这样的曲子。橘花往前走着,而且越走越快。他担心她会被满地的残砖碎瓦绊倒,便不时地停止哼唱,提醒她:"小丫慢慢走。"

她走向水缸时的步伐节奏,好像与他的曲子的节奏是一致的。

她走到水缸边上,回头看着他。尽管她已经很渴了,可还是要等待他的指令:叔叔让我喝我才喝。

"小丫低下头去,先闻一闻水的气味。"

她将头低下去,一直低到鼻尖几乎碰到水面。

"没有奇怪的气味吧?"

"叔叔,没有!"

"喝吧喝吧,但千万不能喝得太多。"

橘花几乎将脸埋进水中,"咕嘟咕嘟"地喝着。

她直起脖子,喘了喘气,又将脸埋进水中。

"小丫可以了!小丫可以了!"

她抬起头来,心满意足地看着他。

"好喝吗?"

她用力点点头:"甜甜的。叔叔,你也下来喝吧,你不渴吗?"但她很快想到,叔叔是无法从那间屋子里走出来的。她赶紧四下里去找能够盛水的器物,可是,周围除了砖头瓦砾,什么也没有。

"小丫,你在找什么呀?"

她没有说话,非常失望地走了回来。她抬头望着他的面孔:"叔叔……"眼泪马上汪在了眼眶里。

"我有办法了。"他的眼中闪烁着兴奋的光芒。

他将囚衣脱下,然后撕下一只袖子,再将这只袖子撕成一根根布条。他将这些布条一根一根地连接起来,从铁窗口慢慢放下。长长的布条在夜风中飘动着,他觉得是这个世界上最动人的风景。他对她说:"现在,你去帮叔叔随便找个什么东西,比如一只小小的水桶,一个瓶子,然后装上水。你用这根布条将水桶或瓶子拴住，我慢慢地慢慢地将它提上来……哈哈！叔叔的办法不赖吧？"

橘花想告诉他，她刚才已经找过了，没有找到任何可以装水的东西，但她还是到处找着。

"找不到可以装水的东西是吗？"

橘花向远处看去。

他无论如何也不能让她走远："小丫，找不到没关系，找不到就等明天吧。"

她望着他："叔叔……"月光下，她清清楚楚地看到了他焦渴的样子，她心里很着急，也很难过。可她没有办法。她只能不时地看一下他，又不时地看一下那只水缸。

他忽然有了主意，并为自己想出这样一个主意差一点儿晕厥过去。他抖抖索索地说："小丫，小丫，叔叔，叔叔有办法了，有办法了……"他一边说着，一边将那件还只剩下一只袖子的囚衣又脱了下来，然后用尽最后的力气，将另一只袖子也撕了下来。他将它揉成一团，丢向橘花："小丫，快去，快去……你把它放进水缸，让它湿透了……马上跑回来，把它拴在这条布带上……"

橘花抓着这只袖团就往水缸跑，半路上差点儿摔了一跤。

"小心!"他在铁窗后叫着。

不一会儿,橘花就双手捧着这团衣袖,急急地往铁窗下跑去。湿漉漉的衣袖一路上"滴滴答答"地流着水。

"小丫不着急,小丫不着急……"

在他的指导下,橘花用布条将这只积蓄着清水的袖团拴好了。

他小心翼翼地往上收着布条,一点一点地往上升。那根布条一直在颤抖,不知是因为他已经没有力气了,还是因为激动。等那团衣袖提到窗口,他像抓一只活物一样,一把将它抓住。他将它拖进铁窗,随即高高举起,并仰起头来,把焦干的嘴完全张开,承接着从袖团上不住滴落下来的清水。他大口大口地吞咽着,贪婪地吞咽着。

橘花看着,不住地轻轻拍着小手。

当水滴越来越少时,他便用手不住地用力攥那团衣袖,好让被它含着的水继续流进他的嘴里。等水被攥干后,他把衣袖捂在嘴上,用力吮吸着。最后,他用双手将它一把捂在脸上,发出"呜呜呜"的哭声。

橘花跟着他哭。

他终于从脸上取下衣袖,看着橘花:"谢谢小丫……"

月亮在不住地向天边飘去,它好像是一个孩子,家在天边,贪玩来到空中,这会儿想起来该回去了。夜风渐渐地大起来,尘埃飞起,天空没有刚才透亮了。秋虫在远远近近的枯草丛里或是砖头石块的缝隙中叫着,那声音让人觉得世界无比荒凉,并且寂寞。随着夜色的加重,那鸣叫越来越像是催眠曲了。

橘花缩着身子坐在地上。

金叔开始指挥她为自己先做个临时的小床。他指着他白天就看到的一块木板:"小丫,去,把那块板子拖过来。"

橘花去拖那块板子时,并不顺利:那块板子好像被什么东西压住了,拖不出来。

金叔就教她:"你抓住板子,然后左晃晃,右晃晃,一边晃一边拖……"

橘花照着他说的去做,就见那板子一寸一寸地被"晃"了出来……当那块板子忽地被完全拖出来之后,橘花一屁股跌坐在了地上。她没有喊痛,却"咯咯咯"地笑了起来。

金叔也笑了起来。

橘花拖着板子往前走时，金叔给她喊着号子："小老鼠呀，拖木排呀，使劲拖呀，往前走呀，铺张床呀，睡大觉呀……"

橘花"咯咯咯"地乐着，不一会儿就将那块木板拖到了铁窗下。然后她望着金叔，等待下一个任务。

金叔说："看那边，那边有一块不错的褥子，但被压住了。不过没有关系，不是搬不动的大石头，只是一些砖头，而且多数是碎砖，搬开就是。去吧，把它拖回来，不过你要先翻过那堵断墙，要小心呀！"

橘花走向那块褥子。那堵断墙没有能够拦住她，翻过去之后，她很得意地向金叔喊道："叔叔，我翻过来啦！"

"我看到啦！"

橘花照金叔说的，将那些压在褥子上的砖头一块一块地扔到了一边。当她拖着褥子往回走时，金叔将两只手伸出铁窗为她"噼里啪啦"地鼓掌。

走到断墙下，金叔指挥她用脑袋先顶起褥子的一头，然后将褥子放在断墙上，人往后挪一步，再顶着褥子往前走一步，这样褥子就会缓缓往断墙这边挪动。这样重复做几次，当褥子的一大半越过断墙时，它一下子就滑到了断墙的这一边。

金叔再次为橘花鼓掌。

当橘花翻过断墙，拖着褥子往铁窗下一步步走来时，金叔一个劲地夸她："我们小丫真能干！了不起！"

等橘花将褥子拖到那块板子上后，金叔抱起那床由监狱配给他的破烂被子，将它从两根铁条之间一点儿一点儿地塞了出去。

"叔叔，那是什么？"

"被子。"

"你呢?"

"叔叔不需要被子,叔叔穿着衣服就可以睡觉,但你不行,你必须有条被子……"金叔话还没有说完,那条被子就已经落在了褥子上,"现在,你可以睡觉了。"

橘花连忙脱掉鞋子,钻进了被窝。

"橘花不要害怕,叔叔守着你呢。天不早了,快点儿睡吧。明天,你还有很多事情要做呢,比如找一根粗一点儿的绳子。只要找到一根绳子,咱们俩就都得救了。"

橘花既想将脑袋露在被窝外边,好看到金叔的脸,因为这样她心里就会感到安宁;可她又想将脑袋钻进被窝,但这样她就什么也看不见了——万一有鬼怪呢?不知为什么,昨天夜里,她独自一人走在那么黑的夜空下,没有怎么害怕,今天待在金叔的眼皮底下,反而胆小起来了。

金叔给她唱着歌。那歌不知道是摇篮曲还是他曾经唱过的歌,反正他觉得这样一个夜晚——一个孤独的小女孩,需要听他唱这样的歌:

鸟在树上睡了,

鱼在水草里睡了,

小丫在妈妈的背上睡了。

月亮在树梢上走着,

妈妈踏着落叶,

"咯吱咯吱、咯吱咯吱",

往山上走着,

往山下走着,

姥姥家在那边的山脚下,

窗户的灯亮着,

姥姥在等着。

小丫趴在妈妈背上,

手里的纸风车,

还在转着,

转着,

转着……

就这样,橘花在铁窗下度过了她的又一个夜晚。

四 五颗柿子

金叔看到了阳光下的橘花,他还从没有见过这么好看、可爱的女孩呢。弯弯的眉毛,黑黑的眼睛,乌亮乌亮,眨巴眨巴,好像会说话。脸色有点儿苍白,上面还有污痕,但能想见,那原本是一张白白净净的小脸。一觉醒来,她的另一根辫子也散了,乱乱的黑发把她的小脸又遮去许多。

橘花也看清了金叔。她还从没有见过一个人长着这么长的脸、这么长的鼻子和这么大的嘴,也从没有见过这么亮的眼睛。她根本不知道,那双眼睛是一个喜欢月黑风高时才出来"活动"的江洋大盗才会有的眼睛——因为长时间处在阴暗的囚室中,它们变得更亮了。但这双眼睛没有使她感到害怕。这双似乎能把暗夜照亮的眼睛,让她有了这几天以来一直没有的安全感。

阳光下,金叔好像把眼前很大一块地方都看得清清楚楚了。

他使用同样的方式,又痛饮了水缸里的水;他还让橘花用手捧起水来,好好洗了洗脸;他也用那只潮湿的袖子用力搓擦了自己的脸。然后他们一俯一仰,互相看着,都傻乎乎地笑了。

"现在,这整座城市都是我俩的了!叔叔什么事情都会做,可叔叔现在什么也做不了。只有你来做了,叔叔可以在上面指挥你。"

她点点头。

"我们现在最需要的是赶紧找到一些吃的东西。"他用手指着,"往那边看!看见了吗?那边有一棵柿子树,那上面有二十三颗柿子。这几天,我一直在数着呢,本来有二十五颗,一颗熟透了,掉在了地上,还有一颗被乌鸦啄了。你往前走,往前走,那边有一根竹竿,你可以拿着它,去那棵柿子树下,打下几颗柿子。"

但橘花站着没动。

"去吧,我在这里看着你呢,不会走丢的。"

橘花还是站着不动。

"你饿吗?"

她点点头。

"那你为什么不去打柿子呢?多好吃的柿子呀!"

橘花说:"那是人家的柿子。"

"那里已经没有人了。"

"爸爸妈妈姥姥姥爷说,人家的东西是不能动的。"

金叔觉得这个小姑娘有点儿可笑,心里想着,情不自禁地在铁窗口笑了起来:"小丫,你怎么这样死心眼儿呀?都什么时候了,还管几颗柿子是谁的?是你的,是我的,是我们的!"

橘花突然想起来,邻居何叔家的一棵柿子树,有几根长长的枝条越过院墙,伸展到她家的院子里。那枝头上结了十几颗柿子,到了秋天,一颗颗柿子红得像灯笼,她眼馋了好几天。那天,她终于搬了一张椅子,然后爬到椅子上,踮起双脚去摘柿子,被爸爸看到了。爸爸说:"橘花下来!这是人家的柿子!人家的柿子怎么能随便摘呢?"她说:"在我们家院子里呀!"爸爸说:"在我们家院子里,也是人家的柿子。想吃,也要对何叔说,人家同意了,你才能摘。"爸爸不由分说,将她从椅子上抱了下来。妈妈也过来说她,把她说哭了。

她看着金叔:"这是人家的柿子。"

金叔没有立即回答橘花,因为他眼前出现了那个大江上的深夜。他带着几个弟兄,驾着一条快速行驶的帆船,突然逼近一只正在航行的大船。帆"哗啦啦"落下之后,他们的船很快就靠拢到大船旁,还未等大船上的人搞明白是怎么回事,他们已经身轻如燕、凶神恶煞般登上了大船。盖在船舱上的帘子马上被揭开了，趁着江上明月，他们看到了满满一船舱柿子！那些柿子像打了蜡一般，闪耀着橙色的光芒，犹如一船的橘红色宝石。他抓起一颗就吃，柿子特有的甘甜，立即顺着喉咙滑到他的肚子里，一种从未有过的舒坦流遍他的全身。

他知道这些柿子来自何处——一个出产柿子的地方，那地方出产的柿子闻名天下。每年这个季节，装载着柿子的大船就会顺流而下，将这些柿子卖给大江下游地区的水果商人。他们将帆船拴在大船的船尾，然后让大船上的人统统进入尾舱，他们驾着这条大船，于凌晨在一座江边小城靠岸。一番讨价还价之后，他们将一船的柿子卖给了那些随时等候在江边码头上的水果商贩。将大船的后舱门打开之后，他们立即驾着自己的帆船消失在正变得浓厚起来的晨雾之中。

金叔看了看远处那棵柿子树上的柿子，心里笑了：这几颗柿子算得了什么嘛！

可是橘花仍定定地站在那儿不动。

"你不是也吃了人家的饼子了吗？"

橘花说："我饿了……"

"所以，你吃了人家的饼子。难道你现在不饿吗？"

"叔叔，我饿……"

"那就赶紧去摘柿子呀！"

"柿子是人家的。"

"饼子也是人家的呀。"

"我数了,我一共吃了人家十三只饼子,我会告诉姥姥的,姥姥会给人家钱的……"

"我的天哪!我碰到了一个什么古怪的小女孩呀!"金叔毫无办法,无可奈何地摇了摇头,"那我们都得饿死。小丫,你想饿死吗?"

橘花用力摇了摇头,眼泪立即汪满双眼。

"那这样吧,你不是在心里记了账吗?叔叔也记个账,一笔一笔都记个清清楚楚,等以后统统还给人家,给人家钱——叔叔有钱!"他只是说说而已,心里并不当真,只想让橘花赶紧放弃那些奇怪而固执的想法。他要带着她一起活下去。

橘花很快就点了点头:"我去了?"

"去吧,去吧,快点儿……"

橘花用竹竿打落了五颗柿子,其中一颗因为熟得太透,落地后,就像蛋黄般流进地上的碎瓦碎砖里。她用衣服兜着剩下的四颗柿子,高高兴兴地来到了铁窗下:"叔叔,四颗,你吃三颗,我吃一颗。"

但金叔坚持他和橘花各吃两颗。

金叔的两颗柿子,是橘花在他的指导下,用那只衣袖包裹好,他再用布条慢慢提到铁窗口的。

这是四天以来,金叔第一次进食。当然,这之前他在饿极了的时候,曾嚼过从墙上抠下的几块石灰。此刻他恨不能一口吞进一颗柿子,可是他克制住了自己:我已经好几天没吃东西了,我要慢慢地、慢慢地吃,不然是会出问题的;再说,下一顿还不知道要到什么时候呢——下一顿不知道还有没有呢,要慢慢吃呀!

"小丫,不着急,慢慢吃……"

橘花正吃着，不放心地问金叔："叔叔，你记账了吗？一共五颗柿子。"

"记了记了，叔叔用指甲刻在了墙上。"其实，他并没有这样做。他觉得这样做很好笑。

"不是四颗吗？"

"我说了呀，有一颗掉在地上坏了呀。你记的是五颗吗？"

"是是是，五颗五颗。"不知想到了什么，金叔的心忽然动了一下。他往下面看去，橘花正低头美美地享受着她的柿子餐……

五 废墟下的"蛇"

接下来,几乎是一整天的时间,橘花在金叔的指挥下,在前前后后的地方,将凡是看到的又能够拿得动的东西,或提着,或抱着,或拖着,或扛着,一样一样地弄到了铁窗下的一块空地上。每取来一件东西,橘花都会大声地向金叔喊道——"一个枕头!""一把锯子!""一只花盆!""一把铲子!""五根钉子!""一件花衣服!""一口铁锅!""一只竹篮!"……每报一件器物,她都会等一会儿,然后问:"叔叔,记下来了吗?"等金叔说"记下来了",她还会指着那件器物的来处,"叔叔,我是在那儿、那儿捡到的。"

不知道为什么,金叔不在心里嘲笑橘花了。他真的很认真地用一片橘花给他的瓦片在墙上工工整整地记下了这些东西的名称以及来处。他虽然还是觉得这不免有点儿可笑,但同时又觉得,如果不照橘花说的去做,他会感到对不住那个孩子。他坚硬的内心深处,总有一股细细的、柔软的水流涌动着。他还摆出一副很听话、很细心的样子来,不时地将那些账目报告给橘花,并加以核实。那时,他感觉自己的鼻梁上就差一副账房先生的眼镜了。

好像是游戏,好像又不是。

虽然已是凉凉的秋天,橘花却忙得鼻尖上冒出细细的汗珠。杂七杂八的东西很快堆成了一堆,可它们有什么用呢?

金叔显出一副深谋远虑的样子,对橘花说:"总会派上用场的。"

他们除了继续吃那棵树上的柿子、喝水缸里的水,还获得了半桶饼干。

那是下午橘花在瓦砾中取一把鸡毛掸子时发现的。当时它几乎完全被瓦砾掩埋了,只露出一角。她兴奋地向金叔报告了她的这一发现。金叔当即说:"把它刨出来!"可是,每当她拨开一些瓦砾,周围的瓦砾就会很快坍塌下来。金叔并没有看到这一情形,但他知道她碰上了什么困难,就指挥她:"看见那边有一只纸箱吗?去掉它的底子,然后把它套在铁桶上,再拿上铁铲——你上午不是捡到一把铁铲吗？一铲子一铲子，把瓦砾从纸箱里铲出去。注意，你要边挖边把纸箱往下压，坍塌下来的瓦砾就会被纸箱挡住的。不要着急，慢慢刨，我看着你刨。"果然，她成功地刨出那只铁桶。她摇了摇，听到了里面的响声。"叔叔，里面有东西！"她抱着它立即往铁窗下跑去。也是在金叔的指挥下，她用一根长长的铁钉撬开了铁桶的盖子，一股香味顿时从铁桶中喷发出来。她低头看清楚里面的东西之后，将铁桶高高地向金叔举起来："叔叔，饼干！叔叔，饼干！"虽然只有半桶饼干，但对现在的金叔和橘花来说，它们却比这个世界上任何东西都要珍贵。

金叔只拿了十块饼干便再也不肯要了：他真的不知道究竟何时才能找到更多的食物，他必须将这些饼干给橘花留着——他完全不能断定这个城市何时才会有人出现。每一块饼干放进嘴里，他都用很长的时间咀嚼着——他不能一口吃掉，而要慢慢地品味。他只吃了五块，将另外五块放在了窗台上。

太阳像抹了油一般向西边的天空滑去。

金叔望着窗外橘花找到的那一堆东西，叹息了一声：还没有找到一根又粗又结实的绳子呢！

他已经想得清清楚楚，他那间小小的囚室，必须有一个炉灶，必须有很多东西进入。而那根布带是无法承受重一点儿的东西的，它是从不知已经穿了多久的囚衣上撕扯下来的，很不结实，并且只会越用越不结实，随时都可能断掉。

他多么希望能有一根这样的绳子呀！

橘花好像很懂得这样一根绳子的意义，一直在寻找着。她手里拿了一根细细的木棍，这里挑一挑，那里拨一拨。

"你在找什么呢？"金叔问她。

她不说。

太阳沉没在天边一道长长的断墙背后，随即阳光变成了霞光，金色变成了红色，像潮水漫向天空。残破的废墟之城倒成了让人迷惑的特别风景。以往这个时候，乌鸦正从城外飞回城里，在一些大院或是公园的树上度过夜晚，而现在它们却从城里飞往城外的林子里歇脚去了。当它们黑色的身影飞过黑色的废墟时，时间像僵在了那儿。明明它们还在飞，却好像一切都静止了。

橘花在金叔打瞌睡时，翻过一道小山样的废墟，走进了一条到处是坍塌之物的小街。那条小街虽然到处都堵塞了，但还能从那些没有被炸倒的路灯杆看出是一条弯弯的小街。她像一只小猫，走着，蹦跳着。她战战兢兢地寻找着绳子。忽然，她在一堆废墟中看到了一条"大蛇"，吓得尖叫了一声，马上往回跑去。她又爬上了那座"小山"，然后转身看着那块有"蛇"的地方，小手不住地拍打着自己的胸口。她转身向金叔所在的方向看了看，慢慢地在"小山"上坐下了。

"是蛇吗？"她突然问自己。

她拿着棍子，又走下了"小山"。她慢慢地向那条"蛇"靠拢过去，靠拢过去……她又看到了那条"蛇"。她不再往前走了，壮着胆子，用手中的木棍捅了捅那条"蛇"，就听见"哗啦"一声响，许多残砖碎瓦坍塌下来，那条"蛇"彻底暴露在她的眼前。她大声叫道："绳子！"

是,绳子!看上去,就是金叔说的那种又粗又结实的绳子!

她丢掉木棍,双手抓住那绳子用力往外扯,就听见残砖碎瓦不停地"哗啦啦"地坍塌下去。这是一根好像无限长的绳子,无论她怎么扯,好像都扯不完。她一点儿也不知道,她的双脚已经踏在一个杂货店的废墟上,那绳子是用来供那些船家使用的缆绳。

当她将绳子放在肩上,向前弓着腰出现在"小山"上时,这个在霞光中的小小黑影,让正在铁窗口焦急眺望的金叔想到了在长江边拉纤的纤夫……

六 吊篮

一根似无尽头的绳子,被橘花拖到了铁窗下。温暖的晚霞中,金叔目睹了全部过程。看着这长长的绳子,他在心中一遍又一遍地说着:有救了,有救了……

"叔叔!"橘花回头看了看弯弯曲曲、从高高低低的废墟上延伸过来的绳子,得意地说,"绳子!"

金叔向她不住地点头:"小丫真能干!"

他教橘花将绳子的一头拴在布条上,担心布条会在拉扯绳子时吃不消,便让橘花用双手不住地将绳子往上送。

那绳子向着铁窗口一点一点地上升,当快到窗口时,金叔猛然伸手,一把将它捉住,并迅速将它扯进囚室。然后,他迅捷地将它牢牢拴在铁窗中间的一根铁条上。等确保已经万无一失之后,他这才仔细地欣赏它:真是一根难得的绳子呀!他太熟悉这样的绳子了——江上的船用的缆绳、那些纤夫拉纤的纤绳,就是这样的绳子,是用机器将麻拧结而成的。他曾无数次使用、把玩过这样的绳子。

这样一根绳子可以将整个城市吊起来。

他不禁看了看天空,心里是满满的感激。他觉得这是天意。"我和小丫不会死的!"他更觉得,老天是在告诉他:给你一根绳子,你要让小丫活得好好的,直到她回到爸爸妈妈身边!

他很想为橘花唱一支歌,于是就唱了起来,那是大江大海上的歌。

已经很疲倦的橘花就坐在霞光里,静静地听他唱。

唱完了,他让橘花从那一堆东西里找出一把菜刀,确定了合适的长度后,指挥橘花将多余的绳子剁掉了:"留着,说不定还有用呢!"但他内心希望再也不会用上剩余的绳子了——这根拴在铁条上的绳子，足以等到人们回到这座城市。

他撤掉窗上那根丑陋的布条后，让橘花取来了一只篮子，然后，他开始教橘花如何将绳子系一个活扣。

"这个小丫总是一教就会。"他在心里赞美着。

当那只篮子缓缓升起时，橘花高兴得蹦跳起来。

他将那只篮子升起，放下，再升起，再放下。就这样许多次之后，他才开始吊入他的囚室所需要的一切：菜刀、碗、盘子、杯子、废纸、铁条、铲子、铁勺、木头碎片……

橘花和金叔配合默契，他们好像事先说好了似的，轮流唱着歌。

那是两种完全不同的嗓音。金叔的嗓音是嘶哑、苍凉的，那是在风里浪里、无边无际的黑夜中练就的嗓音。橘花唱得奶声奶气的，像春末夏初的樱桃，让人觉得甜甜的。其中一首歌，金叔听不太懂，可是喜欢得不得了。他当时只顾着听，再加上橘花不能将每一个字唱清楚，听完之后，他只记住了这首歌的大概意思：笼子里面有一只鸟儿，笼子外面有一只蝴蝶。蝴蝶绕着笼子飞着，它问鸟儿："这就是你的家吗？"鸟儿说："不是，我的家在树上，在田野上，在山顶上，在大河上。你的家在哪儿？"蝴蝶说："我不知道我家在哪儿。"蝴蝶落在了笼子上。鸟儿很开心，就在笼子里唱着歌，为蝴蝶唱歌……

后来的几天时间里，他会时不时想起这首歌。

那些东西还在不断地被吊到窗口。

说是需要，其实金叔也没有完全将它们的用途想清楚，只是觉得它们一定是有用的。使他感到十分遗憾的是，有些东西，因为铁条与铁条之间空隙宽度的限制，只能让它们永远留在外面了，比如一只很不错的铁锅，一只很不错的水壶。不过，还好，一只小一点儿的铁锅和一只扁一点儿的水壶还是将将就就地挤进了囚室。

接下来，他让橘花开始搬运满眼都是的砖头。他要在月亮升上来之前，垒砌好一个炉灶。今天说什么也要让橘花、要让自己喝上一口热水了。

"我什么都会干，好像就是为了有这一天似的。"他吹着口哨，不一会儿就将炉灶垒砌好了，那只小小的铁锅正好放在上面。

"小丫，去，用那只水壶到水缸里打一壶水。"

那只进不来的水壶，现在派上了用场。

橘花高高兴兴地去了。不一会儿，她就提着一壶水，踉踉跄跄地回来了。

他让她将水壶稳稳当当地放进篮子里，然后慢慢将它吊到窗口。虽然水壶进不来，但壶嘴可以伸进窗户，将里面的水倒进囚室里的那只扁壶。这是一只容量很大的水壶，扁壶灌满之后，里面还有很多水。他将它拴在窗口，将扁壶里的水倒进了铁锅。水壶里剩余的水正好又灌满了扁壶。一切都这么顺利，这么恰到好处。"实在太棒了！"他在心里说。

他把一些碎木头堆放在了炉灶前，搓了搓手，开始了从前在荒郊野外经常干的"小把戏"——钻木取火。当他的双手不停地搓动着用菜刀削好的木签，在一块干焦的木头上摩擦出微弱的火苗时，他赶紧将一团废纸放在上面。不一会儿，纸就燃烧起来，他迅速将它丢进灶膛，随即又迅速将一些容易燃烧的碎木材丢了进去。不一会儿，火就稳定了下来，他便将大一点儿的木条、木块放进灶膛。

看着红通通的灶膛，他很得意。

不一会儿，锅里的水就烧开了。

金叔走到窗口:"小丫,你该吃晚饭了,把饼干桶打开吧!"

等觉得那水的温度已经适合橘花喝了,他将篮子提到窗口,然后将大半碗热水放进篮子,又慢慢将篮子降到地面:"不烫了,好好喝吧。一定要多喝水呀,你可不能生病!"

他也给自己盛了一碗热水。当温热的水喝进嘴里、喉咙后,他感到一种从未有过的舒坦。然后,他从窗台上拿起一块饼干,放进嘴里,慢慢地咀嚼着。等觉得对一块饼干的享受已经足够了,就大口大口地喝着碗里的水,然后再拿起一块饼干放进嘴里……

橘花将喝完水的空碗放进篮子的同时,把从饼干桶里取出的八块饼干也悄悄地放了进去:"叔叔,我还要喝水!"

"好嘞!"金叔将手中的碗放在窗台上,吊起篮子。他马上看到了那八块饼干。他正要对橘花说什么,就见她高高地举起饼干桶,并且用力摇动着。她要尽量让金叔听到里面的饼干与桶壁相碰发出的声音:"叔叔,我还有很多很多饼干呢!"

金叔心里暖暖的。他没有拒绝这八块饼干:"谢谢小丫!"

他将这八块饼干单放好,继续他们的晚餐。

今天的月亮好像停在了天上,很专注地看着他们。

那根从铁窗垂下、吊着篮子的绳子,将影子投在墙上,很好看……

七 老鼠

第二天，橘花在找到铁锅和菜刀的地方，又开始翻找。是金叔让她这么做的。金叔说："如果我没猜错的话，那儿应该是一户人家的厨房。既然是厨房，就应该有食物。"但橘花毕竟是一个小女孩，力气很小，很难将那些巨大而沉重的堆积物挪移开去。她只能看着脚下那个坍塌下来的、隐约可见的屋顶傻傻地想：要是金叔能下来就好了，他一定能把它掀起来——她觉得金叔是一个力气特别大的人，没有什么是他拿不动的，没有什么是他搬不动的，金叔是大力士！她在心里认定：下边的粮食可多了，还有其他很多很多好吃的呢。

金叔很快看到了橘花的无能为力。太难为这孩子了，他心里突然有点儿难过。"要是我能出去，那该多好呀！"他不相信，这么一座城，都归他们了，还找不到吃的！他向橘花招了招手："小丫回来吧，我们再想办法。"

可她不死心，无论金叔怎么让她停止，她还是很不服气地用捡来的一把小铲子铲着、挖着、掏着，直到手指弄破了、金叔生气了，她才丢下铲子。不过还好，她找到了半小筐土豆和一小瓦罐鸡蛋，甚至还找到了半瓶油。那小筐和小瓦罐都被压坏了，勉勉强强地装着土豆和鸡蛋。

金叔说："很不错了，很不错了！"

尽管土豆已经发芽，鸡蛋有一大半已经被压破、蛋白蛋黄已经流走了，金叔还是很夸张地向橘花表示了他的兴奋和喜悦。

橘花却还不时地看向那个地方。

金叔说："你这个小贪心鬼！"

橘花仔细清点了土豆和鸡蛋的数量，金叔遵照她的嘱咐，把它们的名称、数量以及发现地点，用瓦片一笔一画、深深地刻在了墙上。他一边刻，一边在嘴里念叨着,很仔细、很认真。他觉得,如果不这样做,心里会有点儿愧对橘花。

记录完毕,他用篮子将土豆、鸡蛋和那半瓶油吊到窗口。他将土豆和鸡蛋分别放进两只盆子,把半瓶油稳稳当当地放在墙根下。他对橘花说:"我要烤一大锅土豆,炒一大锅鸡蛋!去吧,用那只水壶帮我运水吧!"

当橘花拿着那只水壶往水缸走去时,金叔在心中说:"但愿,在水缸里的水喝完之前,城里的人就回来了。"

他正准备着接水的家什,突然下面传来了橘花的惊叫,吓得他连忙丢下手中的东西,扑向窗口。他以为橘花是被什么东西砸到了,但看到她只是无比惊恐地向他跑来。

"小丫怎么啦?小丫怎么啦?"

橘花一边跑,一边将一只胳膊伸到背后,用手指着水缸的方向。

金叔努力向水缸的方向望去。

橘花终于停了下来,望着金叔,她想告诉金叔什么,可又说不出话来。

"橘花怎么啦?橘花怎么啦?不急不急,慢慢告诉叔叔。"

橘花终于可以结结巴巴地说话了:"老……老鼠……"

金叔有点儿想笑了:原来是看见了一只老鼠。"老鼠不吃人的。"他对橘花说,甚至想笑话一下她。

橘花回过头去看了一眼水缸:"老……老鼠在……在水缸里……"

"什么?老鼠在水缸里?"这回是金叔吃惊了。

"水缸里有……有一只大……大老鼠……"橘花说着，还用两只小手比画了一下那只老鼠的长度。

金叔向水缸看去，他虽然看不清楚里面的动静，眼前却分明游动着一只大老鼠：它企图逃跑，但那水缸的口是弧形的，向内弯着，它便只能无望地沿着水缸内壁不住地游动着，在身后留下一道道弯曲的水纹。

那确实是一只很大的老鼠，大概是因为饥渴，才从靠近水缸的一堆废墟里跳进了水缸。它好像是不久前才跳入的，因为它游动的速度还很快。两只尖尖的耳朵是粉红色的，两只眼珠说是褐色的也行，说是黑色的也行，几根胡须有的潮湿了，耷拉在水面上，没有潮湿的还在晃动着，身后拖着足有一根筷子长的尾巴。看来，它只能没完没了地游着了，直到淹死在水中。

橘花转身战战兢兢地往水缸走去，然后躲在一段断墙的背后，慢慢地探出脑袋往水缸那边看。大概是看到了正活生生游动着的老鼠，吓得又转身向金叔这边跑来。

金叔意识到这是非常严重的事件。这一缸水，是他和橘花的希望之水、生命之水。他后悔这几天怎么就没有想到将这些水从水缸里打出来储存好呢？橘花捡了那么多坛坛罐罐呀！它们可以盛很多水呢！

他想教给橘花一个办法，让那老鼠逃出水缸，比如斜着放进去一块长木板，让老鼠顺着木板爬出来。可是他马上放弃了这个想法：橘花是不可能有这个胆量走近水缸的。而且即使现在就能把老鼠从水缸中弄出来，他知道，橘花也绝对不可能再喝水缸里的水了，哪怕渴死也不会喝一口。

他回头看了看土豆和鸡蛋，又转而看着橘花。

橘花因为刚才的惊吓，突然感到没有力气了，正木木地坐在一块破损的椅垫上。

金叔垂着脑袋站在窗口，简直有点儿绝望了，但他很快指责自己：你不可以在橘花面前表现出这副样子！不可以！他咳嗽了两声，挺直了身子，坚定地站在橘花面前。

橘花指了指水缸："叔叔，我们没有水喝了。"

金叔说："我们一定会有办法的。叔叔不是说过吗，这整座城都是我们的，我们还愁没有水喝吗？"

橘花点点头，然后指着水缸："老鼠会淹死在水缸里吧？"她忽然感到有点儿恶心，想吐，"我喝了里面的水了……"

"净说傻话，你喝水时，那只老鼠还没有掉进水缸呢！"

但橘花还是有点儿疑惑，不住地用小手摸着喉咙。

"老鼠总不会潜水吧？小丫不准胡思乱想！我们之前喝的都是干干净净的水。"金叔马上想到了老鼠的死亡——它很快就会因为精力耗尽而死在水缸里，并且很快就会腐烂。他不能让橘花总是想到这只讨厌的老鼠，更不能在不久之后让她闻到从水缸那边传来的恶臭。

"小丫，你想救那只老鼠吗？它也是一个生命呢！"

橘花点点头。

"那就听叔叔的指挥，现在找块砖头，去水缸那儿……"

橘花困惑地看着金叔。

"去！救那只老鼠，现在只有你能救它！"

橘花犹豫了一下，从地上捡起一块整砖，看了一眼金叔。

金叔向她点点头："把水缸砸了！"

橘花往水缸走去。

"从前,有个孩子,名叫司马光……"金叔看着她的背影,说起那个家喻户晓的故事。

橘花过早地掷出了手中的砖头,它只是很虚弱地碰了一下水缸。

金叔说:"地上有的是砖头,再捡起一块来!往前再走几步,用力砸!再过一会儿,那只老鼠就会淹死的……"

橘花又从地上捡起一块整砖,高高地举着,勇敢地逼近水缸。这一次成功了。那块砖头带着橘花的爆发力飞向水缸,竟然让那只也许已经用了许多年头、已经不很结实的水缸"哗啦"一声粉碎了。水"哗啦啦"流出,那只老鼠很快翻上一堆废墟,消失了……

中午,金叔烤了土豆,炒了鸡蛋。他将最后一杯水烧开后,装进一只碗里,稳稳地放进篮子,徐徐降下……

八 第一桶水

金叔不敢想象一个无水的世界。可是他往窗外看去,除了连绵起伏的废墟,看不到一滴水的影子。不时有风吹过这座废城,到处是黄色的尘埃像沉闷的云彩般迟缓地飘动,好似沙漠上的情景。

几乎一个下午,橘花都在四周翻找食物。小小的身影一会儿出现在这儿,一会儿出现在那儿,看了让人心疼。这是一个十分懂事的小女孩。金叔看着她的背影就在想:如果我有这样一个女儿,该是多么的心满意足呀!

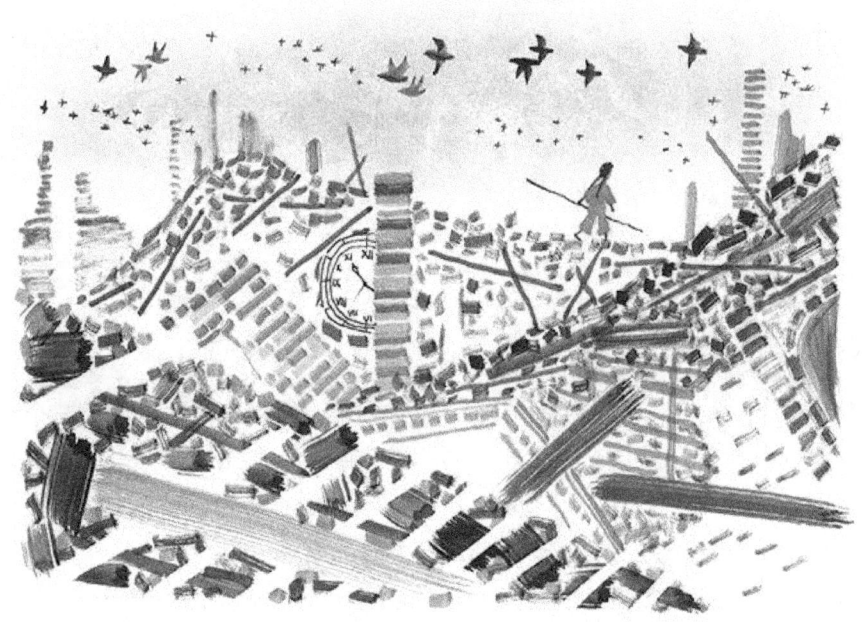

他越是这样想,就越担心水的匮乏:她必须随时能够喝到水,就像一棵刚刚栽下的小树苗需要随时得到灌溉一样。

他站在窗口,一寸一寸地寻觅着那些废墟。

他又看到了那口破碎的水缸,突然想到:既然有一缸水,这就说明离它不远应当有一口水井!这座城市远离河流,这水八成来自于水井。他为这一推断感到无比振奋:怎么到现在才想到这一点呢!可是水井又在哪儿呢?他将橘花叫到窗下,将自己的推断告诉了她。

橘花问:"叔叔,你知道水井在哪儿吗?"她还得意地告诉金叔,"我姥姥家院子里就有一口水井,我会打水,是姥爷教我的。"说着,她向金叔做着摇动辘轳把的样子,有板有眼,很好看。

是啊,姥姥家在哪儿呢?水井在哪儿呢?

金叔估摸着它可能的位置,可是按照他的指引去寻找水井的橘花,所面对的不是搬不动的废墟,就是一块一无所有的空地。水缸附近的地方都找遍了,也没有见到水井的影子。橘花开始时的精神头也一点儿一点儿消失了,到了最后,她只是拖着一根木棍,有气无力地走着。

金叔说:"你回来吧。"

晚上,还是吃烤土豆和炒鸡蛋。

橘花早就想喝点儿水了。可是她忍着,绝不向金叔说。金叔通过她不时地用舌头舔嘴唇的样子,早就看出她对水的渴望了。他心里越发地焦急。树上的那些柿子已经全部吃完了,不然,吃一颗柿子也是能够解渴的。也许,只要稍微走远一些,就能又找到一棵柿子树,可是他根本不敢让橘花走远。这些看上去都一样的废墟和到处堵塞的道路,很快就会让橘花迷路——万一她迷路了,后果不堪设想。

他自己其实比橘花更加需要水。他又开始有了前些天那种身体随风干枯的感觉。他很担心,既担心自己,更担心橘花——我如果倒下,橘花也就没有生路了。这一望无际的废墟,她一个小小的女孩能去向何方?这是一座小女孩根本走不出的废墟之城。他想都不敢想没有他之后,橘花会面临的处境。

他必须要在这禁闭的小小囚室中活下去。他没有自由,但那个可以自由走动的小女孩,绝对需要他。

秋风使空气变得十分干燥,废墟也好像在无声地吮吸空气中的水分。墙角上的枯草发出"沙沙"声,那声音让人觉得,即使不用火去点燃,草自己就能燃烧。落叶像是无数打了卷的金属薄片,"克啷克啷"地滚动。橘花觉得不仅喉咙发干,浑身上下都很不自在。她不由自主地抓挠着,在胳膊上挠出一道道白色的印子或是红色的血迹,被风一吹,像瓦片刮似的疼痛。她多么想洗洗紧巴巴的脸呀!可是水在哪里呢?她只能钻进被窝,等待明天。

金叔安慰她:"小丫睡吧,明天我们就能找到那口水井!"

他像睡在沙漠上,但做的却是一个关于船的梦。那船,正扬帆航行,突然地,河流就干涸了,船被搁浅在那里,来去不得。没过几天,那船就在一阵大风中变成粉末被吹散了。醒来后,他再也没有睡着。他撑起虚弱不堪的身子,透过窗条看着月光下的废墟:那口水井究竟在哪儿?

他好像有了答案:不可能在那个人家的院子里,如果是在那家的院子里,那他们就没有必要将水蓄到水缸里了。什么时候要用水,直接从水井里打就是了,那样水还更新鲜呢!他似乎通过那些断墙残壁,隐隐约约地看到了一个小小的广场——不,是许多人家共有的一个地方——水井是不是在那里呢?他仿佛看到了,几个妇女在井台边一边洗菜、洗衣服,一边说笑。其间,不时地有人过来从井中摇起水桶,将水倒进自家的水桶或盆子,然后提着或端着回家去了;他仿佛看到,夜色中,一些离得稍微远一些的人家,趁着水井清闲下来,将两只水桶都装满水,用扁担挑回家去了。等将桶中的水倒进水缸后,又挑着两只水桶再次去打水,直到将自家的水缸注满了……

他还发现,那小小的"广场"离那个有水缸的人家稍微远了一些,可离他的囚室还稍微近了一些呢。这是他万万没有想到的。

他看了看睡在窗子下的橘花,然后仰望苍穹,在心中一遍遍地祈求上苍:保佑!保佑!保佑我和这个可爱的孩子吧!让我们看到那口水井吧!……

可是,他看到的只是倒塌下来的砖头、瓦片、被炸弹掀翻的屋顶。那屋顶千疮百孔,几乎趴到地面上,看上去就像一只巨鸟折断了翅膀。一些木头刺穿了屋顶,或直着,或斜着,样子很可怕。根本看不到水井的影子——也许它就在那屋顶下面。可有什么用呢?对于橘花而言,若要搬动它,就像搬动大山一样。

第二天早上,橘花在他的指引下,磕磕绊绊地来到"广场"。可橘花看到的情景与他看到的是一样的。橘花在这片废墟周围乱转着,没有发现井,却从一块破木板底下捡到了几件衣服,而且还是女孩穿的花衣服,抖掉灰尘后还干干净净的。也许当时,曾经在这儿的两棵树之间有过晾衣服的绳子,有人晾了衣服,还没有来得及收回去。她高高兴兴地将这几件衣服举起来给金叔看:"叔叔!衣服!"她还将它们展开,在身上比着。稍微大了一些,但她很喜欢,将它们抱在怀里。

金叔更觉得这儿有口井。他曾经见过这样的情景:一些人家在距离水井不远的地方——或是在两棵树之间,或是在廊柱与树之间,拉上绳子,将刚刚在井旁洗干净的衣服晾上。

但橘花到处翻找,也没有发现水井。

金叔觉得浑身发软,只好用手紧紧抓住窗条,眼巴巴地看着橘花:有吗?

橘花像一只小猫,轻轻地爬上了屋顶。她的身子很轻,那屋顶还承受得住。她发现屋顶上有个洞,就慢慢地蹲下,低头向下看去。这一看不得了,她几乎要在这个破烂不堪的屋顶上蹦跳起来了。虽然没有看得很清楚,但她认得是什么。她颤抖地站起来,高声叫着:"叔叔!井!井!"

金叔的手因为颤抖快要抓不住窗条了。

他突然想到，那个屋顶其实是为了保护井水的干净和雨天人们取水时免遭雨淋，而搭在水井上方的大敞篷。

橘花从篷顶上下来后，四处寻找着可以走到水井的入口，却怎么也找不到——哪怕有一个可以让她钻进去的洞口呢。但那口水井好像被刻意封上了，一千年也不许人们动它似的。

要让水井显现出来，橘花是完全无能为力的。

金叔突然想到了那根似无尽头的绳子。他让橘花将那根盘曲在一处的绳子拖到窗下，指教她将它与铁窗上垂挂着的那根绳子牢牢地系到一起，又让她拖着这根长绳走向那座篷子。当橘花拖着长绳往篷子走去时，他一直在担心那根绳子是否有足够的长度能让他完成他心中的计划。截下窗口的那根绳子之后，他至今还没有搞清楚那根从杂货铺拖出来的长绳到底有多长呢。

橘花一步一步地走着，不时要翻越废墟。其实，那些废墟并不高，可是在金叔眼里，小姑娘是在有模有样地翻山越岭。

那根绳子没有让金叔失望，在到达那个篷子之后居然还不见完。很显然，它来自杂货店售卖的一大坨绳子，顾客需要多长就截取多长，它可能很长很长呢。

在金叔的指挥下，橘花将绳子结结实实地捆绑在篷顶中间一根刺向天空的粗粗的木头上。等橘花说了一声"叔叔，好了"，金叔便让她走到一个绝对安全的地方待着。绳子在拉扯中渐渐绷直。金叔要将那个篷子拖开——如果不能拖开，就让它在他的猛力拉扯下稀里哗啦地散架。这样，橘花就有可能在他的继续帮助下，一点儿一点儿地加以清理，直到水井完全显露出来。

不远处一棵落尽叶子的树上站着一只鹁鸪，一声不响，歪着脑袋好奇地看着。远处，天边，有零星的枪炮声，但听上去，好像与这座城市无关——这座城市已经没有人要了，被人忘干净了，就只有金叔和橘花了。

"我们必须有口水井！"金叔愿意付出一生的力气，让水井显现出来。他咬紧牙关，喉咙里发出汩汩的声响，那声音就像一只受伤的野狼在做最后的挣扎。他面向窗户，将绳子绕着后背勒了一圈，双手死死地抓着，身体向后用力倾斜。他感觉，那个他已经看不见的篷子正在他的拉扯下渐渐移动。于是，他又向前走了一步，将绳子又在腰间紧了一圈，再将身体向后倾斜。

篷子发出的声音，不再是"咯吱咯吱"，而是"咔嚓咔嚓"，有点儿吓人。

篷子还在不住地移动，他与窗口间不断加大的距离在告诉他这一点。但很显然，它还没有从根本上被撼动，而他的力气已经所剩无几了。他几乎退回到窗口，然后将绳子死死拴在身上，用腾出的双手使劲推着墙壁，同时双脚拼命蹬着墙壁。他的身体在不断地下沉，不一会儿，双手便离开了墙壁，而双脚随着身体的不断下沉更加有力了。

他突然跌在地上。那一刻，他忽地想到：糟糕，骨头摔裂了！但在一阵疼痛之后，他又站了起来，然后像一个跛子朝着窗口走去。他很快看到了腾起的尘埃。

"橘——花——"

橘花指着灰蒙蒙的前方。

什么也看不见。过了很久，尘埃才渐渐淡去。

橘花翻过废墟，走向水井所在的地方，不一会儿就转过身来大声喊着："叔叔！井！井！看见啦！看见啦！"

那个覆盖在水井上的篷子已经被绳子扯到一边，并且散了架。根据橘花在现场不断提供的信息，金叔又利用这根天赐的绳子，帮助她挪移开许多她无法移走的障碍物。当中午的太阳高悬于明净的天空时，那个井台已经完全显现了出来。

橘花吃力但很在行地摇起了第一桶水。

那水清澈无比。那个塌下的篷子好像是专门为了保护这口水井似的，四处的轰炸也没有让它受到一点污染。当橘花把那桶水在井台上放好后，她跪在地上，用双手捧起里面的水，泼在了脸上。

金叔在窗口看着说：“傻孩子，难道你还不渴吗？先喝一口水呀！脸什么时候不能洗呢！”

橘花依然不住地将水撩到脸上。那带着甜甜味道的水顺着脸颊流到她尖尖的下巴上。她就像一只刚刚下河的毛茸茸的小鸭子，见了水喜不自禁，胡乱地撩呀，泼呀，"滴滴答答"，将水弄了一井台……

九 小小的背影

当橘花提着一桶水,从井台那边翻上废墟小山时,他禁不住大声地朝她喊道:"小丫,你是我见过的最能干的孩子!"不知为什么,那最后几个字就像被风猛烈地吹着,飘飘忽忽,好像要飘走似的。他看着她,眼睛渐渐模糊了,她小小的身影好像在流动着的水汽中一般。

橘花很骄傲地走着,还唱着歌。那些歌,金叔只觉得好听,但他始终也不能搞清楚那些古古怪怪的歌词究竟是什么意思,只会莫名地忧伤,莫名地感动,莫名地觉得世界一片美好。他会忘记那小小的绝无出路的囚室,会忘记自己是一个没有出头之日的囚徒。

在橘花提了两桶水之后,他不让她再提了:"小丫歇歇吧,啥时要用水,你随时可以去那边打呀。井水还会枯吗?"

橘花没有停歇下来,她在金叔的视野范围内,像一个探宝的人那样,仍旧到处寻觅着。找到了某件东西,她在不能确定它有什么用途时,都会问金叔:"这个要吗?"

金叔几乎都是同样的回答:"要!"

在他这儿,什么都是有用的。一瓦罐小米(瓦罐已经破损,里面掺杂进了许多碎瓦和灰尘),一只挂在院墙上的南瓜(一部分已经烂了),当然是有用的。斗笠呀,雨伞呀,扇子呀,铁丝呀,等等,或许也有用,可是一只铃铛有什么用呢?一只扭曲了的自行车轱辘有什么用呢?一只硬邦邦的旧皮鞋有什么用呢?如果是两只的话,也许还能穿。他不管,只是毫不犹豫地对橘花说:"拿回来!拿回来!"现在,那间囚室除了一张狭窄的床可供他睡觉,几乎堆满了杂七杂八的东西。

快近中午时,橘花不知走到了一个什么铺子。她只是稍微用木棍翻动了几下,就看到了一只已经被压坏、变形的木柜。那木柜有很多抽屉,大部分拉不出来了,有些还能够拉动。她拉出了几只,一股股特别的气味扑鼻而来,就见抽屉里面或多或少都装了一些她不认识的东西。她举着抽屉问金叔："叔叔，这个要吗？"

"要！"

"你还没有看到里面的东西呢！"

"不用看，要！"

当第一个抽屉由篮子吊到窗口时，金叔笑了："是中药，你大概碰上一个中药铺子了。"

"那还要吗？"

金叔想也没想："要。"

他让橘花将那些还能拉出的抽屉一只一只地都端了回来。

当然，遵照橘花的吩咐，金叔将账都一笔一笔地刻记在了墙上。四面墙壁只剩下一面有空地方了。他不能再那么铺张地刻字了，只能将那些字刻得小小的。因为这账还不知道要登记到何时呢。

接下来，她又不死心地重返那个厨房，居然在瓦砾中找到了一包盐巴。金叔将这包盐巴小心地倒进了一只十分好看的瓦罐里：这太珍贵了！

这天的午饭很像样：南瓜小米饭、炒鸡蛋、土豆丝，还有一碗野菜汤。虽然已是秋天，在向阳的墙根下依然还有一些野菜绿着，他让橘花用那把小铲子挖了小半篮子。

橘花已经有了一张小小的饭桌。那是她在金叔的精心指挥下完成的：两摞砖头横着摆平，上面放了一块缺了一角的木板。一把小椅子坏了椅背，金叔就用绳子将它吊到窗口，然后拿菜刀当锤子，用几根铁钉将它完全修好了。

现在它已经稳稳当当地立在了小饭桌前,橘花早早地坐在上面,抬头望着窗口,只等开饭了。

热气腾腾的饭菜,随着篮子徐徐降降,一碗一碗地来到了橘花的手上。橘花在将它们一一端到她的小饭桌上时,一路全神贯注地关注着碗的平衡,迈的步伐极其谨慎。那细碎的脚步,每一次也就移动两三寸——生怕不小心摔倒,饭菜从手中摔下。

金叔笑着说:"小丫,没关系的,你可以走得快一些。"

但橘花依然迈着这样的步伐,直到将饭菜都平平安安地放到她的小饭桌上。

至今也没有搜寻到一双筷子。她现在手上拿着的筷子,是金叔用菜刀从一根细细的树枝上剁出来两段,再细心削成的。金叔担心上面有刺,用一块布反复打磨,直到用手抚摸时感到滑溜溜的,才放心地交给橘花。

橘花有滋有味地吃着,突然想到什么,抬头看着窗口的金叔问:"叔叔,你有吗?"

金叔大口扒了几口饭:"有!叔叔有!叔叔不会让自己饿着的,你就放心吃吧。吃完了,我再给你盛,锅里还有呢!"

其实,金叔吃得很少。金叔对自己说:"我只要不饿死就行,要给小丫留着,还不知道什么时候能再找到粮食呢!"

吃完饭,金叔问橘花:"是我洗碗还是你洗碗?"

"我!"

金叔将所有需要洗刷的碗都用篮子送到了橘花手上,而把洗锅的事情留给了自己——因为他需要用洗锅水来冲刷厕所。囚室里有一个蹲坑,谢天谢地,现在依然能够顺畅使用。看来,虽然监狱基本被炸毁了,但地底下的下水道还未完全遭到破坏,至少监狱这一片的下水道还未堵塞,现在供他一人使用大概问题不大,只要有水冲刷就行。他通过流水的声音,基本认定那些污水在地底深处畅快地流淌着。他将那些洗菜、洗脸、洗锅、洗衣服的水用来冲刷蹲坑。

他在窗口歇着,看着正认真洗碗的橘花,问道:"叔叔还没有问你爸爸是干什么的呢。"

橘花一边洗碗,一边说:"我爸爸会写诗,我爸爸是个诗人。"

"诗人?"这是干什么的?这样一个行当,对于一年到头在大江大海上漂泊的金叔而言,非常陌生、十分遥远。

"是呀!我爸爸是诗人。"

"那你妈妈呢?"

"我妈妈在家呀!我妈妈会唱歌。"

"怪不得你唱歌那么好听。"

"我妈妈唱的,都是我爸爸写的诗。"

金叔好像有点儿明白橘花为什么会唱出那些怪怪的却又十分好听的歌了。

"那谁教会你洗碗了呢?"

"姥姥呀!姥姥说,小孩子应该学会洗碗。每天我都会和姥姥一起洗碗。"

"那姥爷呢?"

"我说过了呀,姥爷带着我去水井,教我打水呀。"

橘花将碗洗得干干净净,让金叔用篮子提回他的囚室后,又提着水桶打水去了。

金叔就一直看着她的背影。金叔知道,这个小小的背影会在他心里记一辈子……

十 橘花小屋

才吃完中午饭不久，刚才还蓝天白云的天空，随着一阵一阵南风吹过，转眼间就阴沉下来。一些正在往南方迁徙的候鸟，顶着风，吃力地飞翔着。本来很好看的队形有点儿乱了，但它们已经没有心思在告别中给这里的人们留下优美的形象了，只想赶紧赶路——乱就乱吧，顾不上许多了。到处都是轻飘飘的废弃的物品，在风中飞向了天空，让天空无端地多了一些怪模怪样的"鸟"，使得已经混乱的天空显得更加混乱。不一会儿，大朵大朵、成片成片的乌云从天边涌过来，很快就笼罩在城市的上空，笼罩在金叔和橘花的头顶。

橘花开始时还觉得风起云涌、变幻多端的天空很迷人，但随着空气越变越阴森，不由得害怕起来。她紧缩着身子站在一堆废墟上，不时地望着金叔。

金叔并不害怕，而是焦虑——极度的焦虑：暴风雨来了，橘花怎么办呢？

他用眼睛紧急地搜索着眼前的废墟，想尽快为橘花找到一个可以躲避风雨的地方。隐隐约约地，他看到远处好像还有尚未完全倒塌的房屋，可是那也离得太远了，他是无论如何也不能让橘花往那边去的。再说，他怎么能保证那些摇摇欲坠的破屋子不会在风雨中忽然倒塌呢？他想都不敢想。

他在心中深深地责备自己的粗心大意：怎么就一直没有想到天气呢？

他赶紧找出两根木棍，将它们分别从窗口支出去，然后用铁丝和绳子将它们的一头牢牢地固定在铁条上。他想赶在风雨到来之前，将他睡觉的被子晾在两根木棍之间，为橘花搭起一个躲避风雨的篷子。可这只能抵挡一会儿风雨，是不可能长时间起作用的，因为被子很快就会被淋湿；还有，如果是很大的风雨，就这样小小的一个篷子是根本无济于事的。

他让橘花赶快站到这小篷下。

天越来越阴沉，也越来越低垂。那厚重的乌云仿佛随时会冲着你翻滚过来。它们在废墟上低低滚过，以特别快的速度向北而去。

橘花一直缩着脖子，抖抖索索地站立在金叔为她搭起的小篷下。她从未见过如此可怕的天气，而且她现在无家可归。金叔的小篷，只能给她一丝安慰，并不能消除她内心深处正涌动着的恐惧。她想象着一场暴风雨马上就要降临。她要哭了。

金叔不住地说着："小丫，别怕！小丫，别怕！"

金叔在内心对自己进行着严厉的责备，并在心中一遍又一边地祈祷：暴风雨，求求你，求求你，你走吧，你走吧，你没有看到这个可怜的小女孩吗？你不能吹着她、淋着她。

老天爷好像听到了金叔发自内心的祈求。风越来越大，猛烈地推动着乌云，天空中好像有风的吼叫——冲着乌云大吼：快点离开这儿！快点离开这儿！

白色的风就这样推动着黑色的云，便见乌云快速向北方飘去。它们的身后，是越来越明朗的天空。没过多久，乌云就消失在天边，天气又恢复到中午以前的样子。

金叔收回了被子。

"过去了，过去了……"

但从这一刻开始，他的心再也无法安宁。他将乌云的远去，看成是老天对他的警示、提醒和一次宽恕。他告诉自己，橘花必须有一座能够遮风避雨的小屋……

他站在窗口，一边观察着四周，一边想着主意，几乎无计可施。远处，好像有一座没有完全倒塌的铁皮屋顶的小屋，但实在太远了。胆子不大的橘花是绝对不肯住进去的——风雨来临时,她宁愿蹲在窗下。再说,他也看不太清楚,那小屋是否还能住人。有一阵,他幻想着用绳子将它拖到眼前,但很快就拍了拍脑门清醒过来:这是不可能的!虽然他拥有很长的绳子,但还没有长到可以到达那座铁皮小屋吧?即使绳子有那么长,又怎么能够拖得动铁皮小屋?即使能拖得动,又怎么清理它前面的障碍物?

太阳在不住地西去。谁能保证今天再也不会变天?即使白天天气晴朗,又怎能保证夜里不会突然变天?

就在金叔感到无望之时,他的目光落在了那辆马车上,就像疲倦不堪的鸟在荒漠中发现了一棵高大的绿树。"怎么就没有想到它呢?难道它不能成为橘花的小屋吗?多好的小屋呀!"

他一时激动万分,连忙转身去看那圈堆在地上的长绳——他用它拖走水井上方的篷顶之后,又将它收回到囚室。"谁知道它还会有什么用处呢!"你瞧!现在不就有用处了吗?他将绳子丢下去,对橘花说:"小丫,我们马上就会有一座小屋了,但需要我俩同心协力才能做到。叔叔甚至可以说,接下来主要就靠小丫你了。好,现在你拿着绳子去那辆马车那儿……"

橘花马上将绳子扛在肩上,拖着它朝马车走去。她好像已经知道了她的小屋就是那辆马车。她觉得这很有趣——住在马车里多好呀!她喜欢住在一个小小的屋子里,当然,它必须是在离大人不远的地方。她曾经让爸爸在房子里给她搭了一座小屋,然后每天都住在里面。那是一个小小的世界,一个只属于她自己的世界。那天,她和姥姥姥爷在外面溜达,看见别人家院子里有一个小房子,马上对姥姥说:"姥姥,我想住那个小房子。"姥姥和姥爷都笑话她:"净胡说呢!那是人家给小狗搭的小房子。"

橘花看着她的马车小屋,拖着绳子,高高兴兴地走着,一边走一边唱歌。

金叔突然叫道:"小丫停住!小丫停住!"

橘花回头看着金叔。

金叔说:"先不着急去拉马车,我们得先把路上的拦路虎清理掉,不然,那马车怎么能过来呢?看到那块大石头了吧?去,到那棵树的后面绕一圈,然后再回到那块石头旁。"

金叔不能直接用绳子拖离这些障碍物,因为无论他将它们拖多远,可它们还是会在那辆马车行进的路上。他必须利用旁边的树,改变绳子拖拽的方向,从而将障碍物拖拽到一边。

当橘花将绳子从一棵大树后面绕了一下,在金叔的指挥下再向石头走去时,她很快就明白了金叔的用意。金叔已经教会她打各种活的、死的绳扣。在金叔的指挥下,她打了一个活扣,套住了那块石头。"叔叔,好啦!"她大声告诉金叔。

金叔就在囚室内用力拖拽着,那绳子形成一个九十度的角,将那块石头慢慢地拖移到一边。

金叔又用同样的方法,在橘花的帮助下,将那些拦路虎一一移动到一边。有一些看上去并不是很沉重,但橘花搬动起来依然会很吃力的障碍物,金叔还想用同样的方法清除,橘花却说:

"叔叔,我能搬动!"

无论金叔怎么劝,橘花就是不听:"我能搬动!"

"这小丫可犟呢!"金叔轻声说道。他没有办法,只好由着她。

看着橘花很艰难地搬动那些障碍物,他能做的就是为她唱歌,唱他在风浪里唱的那些粗糙、有力,甚至有点儿蛮横的歌。这些歌曾经让衣不蔽体的他穿越凛冽的冬季,曾经让食不果腹的他木桩一样挺立在被风浪不时掀起的船头上,曾经让他的身子几乎扑倒在地,仍顽强地拉着纤绳将船在汹涌的逆流中一步步拉向前方。那些歌豪迈、坚韧、有力。

橘花搬着那些障碍物，鼓着腮帮子，在他的歌声中，一步一晃荡地走向一边。

金叔担心那东西会突然掉下来砸到橘花的脚，声音渐渐低弱了，两眼睁圆了看着她。

歌声不再，橘花就会停住脚步，扭头看着他，意思是：叔叔，你怎么不唱了？好像他不唱，她就无法搬动那些障碍物似的。

"我唱我唱！"金叔赶紧继续大声唱起来。

还剩下一些碎砖碎瓦时，金叔就不唱了，看着橘花独自一人将它们搬到或是扔到一边，他就站在窗口不住地夸奖着："小丫真能干！"一些较小的碎砖碎瓦，其实并不会影响马车行进，但认真的橘花还是将它们收拾得一块不剩。

金叔只能在窗口笑着摇头。

现在，就剩下最后一道难关了：将两扇将倒未倒的院门彻底拽倒。

那院墙虽然几乎都倒下了，但大门两侧的墙因为要安装大门而被特意加固过，现在虽然已严重断裂、变形，却没有倒下。这就导致两扇大门倾斜和扭曲着，无法打开。而这两扇大门如果无法打开，马车就出不来。院墙不是都倒塌了吗？把那辆马车直接拖拽出来就是了。金叔也想过这个方案，但仔细查看之后，知道这是不可能的。因为，倒塌的院墙已经成为一堆凹凸不平的废墟，马车是根本不可能被拖拽到废墟之上的；即使勉强被拖拽上来了，车轮也随时可能被陷住或卡住而再也无法动弹。唯一可行的办法就是将那两扇门清理掉！

为进出马车方便，主人虽然将大门建得很大，但要清理掉两扇木门，也绝非易事。如果金叔就在现场，那根本就不算什么——可他现在是在牢不可破的囚室之中。金叔望着可能处理不掉的大门，想到了一把锤子：如果我能有一把锤子就好了！有一把锤子，我就能将墙体或楼板敲穿，得以逃脱。可是，他在心里笑了：如果我能出去，还要马车干吗？我就离开这儿了——不，我就带着橘花离开这儿了。

还是试着将那两扇大门处理掉吧！

"橘花，我看到了，那两扇大门上都有铁门环，你先在其中一只门环上拴一个活扣。"

橘花双脚踮起，将绳子穿过门环，十分熟练地拴了一个活扣："好啦！"

金叔大声说："小丫，你马上闪到一边去。"

等橘花闪到安全的地方，那根软塌塌地躺在地上的绳子很快升起，并绷紧了。金叔开始用力拖拽，那根绳子仿佛因为越来越有强度的紧绷而显得越来越细了。它让橘花起了拿一根小棍子在上面敲击几下的心思：它会发出响声吗？

门"嘎吱嘎吱"地响着。

金叔咬紧牙关，在用力拖拽的同时，还担忧着千万别发生门没有倒下而门环却被拽下来的尴尬局面。还好，四下里只有大门的"嘎吱"声，那铁环好像牢固到任何力量也不能使它脱落。

绳子忽然松弛了下来——"砰"的一声，一扇大门倒下了。随着金叔向后跌倒，那扇大门还被拉出去一段距离。

橘花又蹦又跳，像一只欢快的小猫。

金叔呻吟着从地上爬起来，双手扶着腰，艰难地走到了窗口。他发现那辆马车正对着大门，而且它的前面几乎没有任何障碍物。"天意呀！"——他现在将所有想办就能办成的事情都看成天意。再看看剩下的那扇门，他心里基本有底了：既然已经将一扇门收拾掉了，另一扇门也不成问题。但这一回,他要让橘花与他一起做这件事。屋里还剩下很长的绳子,他用菜刀剁下一截,向橘花叫道:"橘花,过来!"

橘花很快跑到窗下。

"叔叔的力气差不多都用光了,现在你要和叔叔一起用力,我们才能把那扇门拽倒。"

橘花望着金叔:我?

"是,是你!金叔现在需要橘花一起用力。"

橘花很高兴:她有用呢!她又蹦跳了几下。

金叔将绳子丢下:"拿起你的绳子,去,把它和我手上的这根绳子一起拴在那只门环上。"

在两人一起拖拽大门时,金叔故意将力量分散一部分给橘花,就见她腮帮子鼓鼓的,很像荷叶上一只叫唤的小青蛙。

那扇门也"砰"地倒下了。

跌倒在地上的橘花爬起来,看着那个敞亮的门洞,忍着疼痛,不住地欢叫着。

金叔对橘花说:"幸亏有小丫帮忙!"

接下来,将马车牵引出门洞并将它拖到离窗口一二十步远的地方,金叔让橘花全程参与了。金叔不时地故意松劲,让橘花感觉到那马车的沉重。他还不时地向橘花喊道:"橘花,用力呀!"

"知道啦!"橘花觉得自己非常重要,越发使劲地拉着绳子。

临近傍晚时，那辆马车的车辕冲着窗口，已经稳稳地停在了最适合的位置上。金叔这才得空仔细打量这辆马车。它的做工十分精致、讲究，两只前轮较小，两只后轮却很大，车身虽然有点儿高，但一侧有两级踏板，人只需要一级一级地蹬着踏板，就很容易进入车棚。车棚是油布紧紧地蒙在结实的、骨骼一般的铁架上而成的，那油布很厚实，滴水不漏。四周的油布都可以卷起、放下——放下时可以用缝制在上面的布条系上，即便有风也无法将它吹开。

从现在开始，冲着窗口的油布一直是卷起的，因为橘花必须面对窗口——她几乎时时刻刻都要看到金叔，而金叔也需要时时刻刻地关照着橘花。

橘花爬上爬下地进出她的小屋，其乐无穷。

在金叔的指挥下，橘花在那马车上铺了厚厚的褥子，枕头、被子也一应俱全。橘花躺在她松软的小床上一时不肯起来了。金叔看看天色说："起来起来，趁天还亮着，你把那只小木头箱子搬到你的小屋里，晚上可以在上面放上蜡烛呀什么的。"橘花只需要一块睡觉的地方，可那小屋里还能放很多东西呢，她把那些她喜欢的东西都塞进小屋里。金叔不住地说："再放东西进去，你人就要被挤出来了！"

做晚饭之前还有空余时间，两人不知疲倦地完善着小屋。门口摆放了两盆月季，是从那只破碎的水缸旁用绳子拖过来的。虽然其中一只花盆已经有了一个大豁口，但并不影响它们为橘花盛放美丽的花朵。

这时，金叔发现原来那张小饭桌在这好看的小屋的对比下显得十分简陋和寒碜——它实在不配放在那个小屋前面了。可是他毫无办法，因为他缺少一把锤子。他非常希望有一把锤子，这样他就可以干很多活儿，把很多活儿干得更漂亮一点儿。他完全可以用橘花捡来的钉子、木板等给她做一张真正的小饭桌，放在这个小屋前面。看着那张一不小心就有可能翻倒的小饭桌，他除了遗憾，毫无办法。他长长地叹息了一声，忙晚饭去了。

橘花无意中捡到了一捆蜡烛。天黑之后，金叔点起一支，往碗底上滴几滴蜡油，然后再将蜡烛按在上面，等蜡油凝固了，就将碗稳妥地放进篮子，再慢慢地送到橘花手上。橘花端着它，将它放在床边那只小木箱上。这时，金叔看到的橘花，脸是温暖的红色，与同样被烛光映照着的月季差不多。

蜡烛在慢慢地变短，橘花舒舒服服地躺在被窝里，温馨地思念着爸爸妈妈姥姥姥爷，渐渐进入梦乡……

第二天，临近中午时，天色突变。昨天布满天空的乌云，好像去了北方之后并未将自己变成雨，而一直很耐心地停在北边的群山之上，过了一夜，现在又回来了。仿佛它们担负着一个神圣的使命：给这座布满灰尘、干燥得随时都能着火的城市来一次猛烈的冲刷。只是因为那个让人怜爱的小女孩还没有遮风避雨之处，也是因为金叔的苦苦祈求，它们姑且飘向北方了。而现在，那个小女孩已经有了她的小屋，于是它们就又从北方向南飘了回来。第一片乌云是这天上午十点多钟出现在天空中的，随即后面的乌云像是千军万马般杀了过来，一副摧古拉朽的架势。风阴阴的，云黑黑的。风打着旋儿，云翻滚成海涛状。太吓人了。

金叔赶紧让橘花躲进她的小屋。

雨说下就下，一下就那么猛烈。橘花的耳边是一片"噼里啪啦"的声音。这声音让她不禁向金叔叫了一声："叔叔！"

"橘花，叔叔就在这儿！"

因为风向的缘故，橘花可以看着透明的、瀑布一般的雨幕而不会被一滴雨淋到，窗口的金叔，却在不住地用手抹去脸上的雨水。他必须站在窗口，让橘花看得见他。这场风雨也太惊心动魄了。

橘花对金叔大声喊道："叔叔，我不怕！你快躲雨呀！"

金叔在雨水里笑笑，摇摇头。

橘花忽然想到什么，大声说："叔叔，伞！你屋里有伞呀！"

金叔这才突然想起伞——不止一把伞呢！他转身找到了一把伞，然后伸出窗外将它打开了……

十一 被锁着的米店

很快又要没有食物了。

橘花虽然没完没了地在废墟中翻找,但始终未能找到像样的食物。

金叔不时地看着那些他悄悄保留下来的食物,比如橘花给他而他却没舍得吃的八块饼干。能吃的食物,实在太少了。他们必须尽快找到足够的食物。可总在响着的枪炮声让他心里明白,不知道什么时候人们才能重返城市呢!他对军事一窍不通,但他懂得一个词:拉锯战。他见过两个木匠拉着一把大锯,锯一根很长很长的木头——他们要将那木头从头到尾锯成两半。他们从早到晚地锯着,让人看了着急,甚至绝望:何时才能锯成两半呀!这熬人的拉锯战还不知何时才能结束呢!

他没有办法。他不是带兵打仗的。他只是一个关在囚室里的、没有任何行动自由的囚徒。他无力终止这场旷日持久的"拉锯战",好让他们——不,好让橘花回到人群中,回到她姥姥姥爷——不,回到她爸爸妈妈的身边。他几次想把他推断出的那个残酷的结论告诉橘花:你的姥姥和姥爷可能已经不在这个世界上了。但他非但没有这样说,反而不时地告诉橘花,你很快会找到姥姥姥爷的——不,姥姥姥爷很快会找到你的。

橘花拿着那根木棍在他的视野中到处翻找着食物,他的心中真的非常焦急和难过。他恨不能一手掀翻、一脚踩塌这可恶的囚室,然后带着橘花将这座城市中所有好吃的东西统统挖出来,哪怕它们是压在千斤巨石之下。他要在这一望无际的废墟之上,放上一张从废墟中拖出的八仙大桌,给橘花摆上满满一桌饭菜,然后看着她高高兴兴地吃。

他真的希望自己能有一把锤子———把较大的锤子!

他一直在观察前方远一些的那座高高的废墟。它是他目力所及的最高的废墟。那里一定曾经是座高大的建筑。橘花几次要去那儿找吃的,但都被他阻止了:"不行!那儿太远了!那废墟也太高了,攀登一定是很危险的。还有，你翻过了废墟，如果不能翻越回来呢？还有，叔叔可看不清那边的情形呀，万一……"他说不清会有什么万一，可他心中却有无数个万一。

八块饼干还剩四块了。小米还剩一把了。鸡蛋还剩一只了。不久前才减轻了一点儿的饥饿感，又卷土重来了。这些微不足道的食物，必须全部留给橘花。

这一天，无论金叔怎么阻止，橘花还是倔强地抓着她的棍子，走向了那座废墟"大山"。她在"山脚下"停留了许久，回头看了看金叔，往"山"上爬去。那样子，就像是一个勇敢的登山人。

可她只是一个孩子——一个小女孩。

她没有回头。

金叔没有再向她喊叫，他怕橘花会在他的喊叫声中一时注意力不集中，反而酿成大祸。他只能双手抓着铁窗，看着她小小的背影，在心中一遍一遍地念叨："小丫平安无事，小丫平安无事……"

她终于登上了"顶峰"。她先往前、往下看了很久，才转过身来，冲着金叔大声说："叔叔！那里有一条街！"

确实是一条街，但已是一条面目全非的街。

那条所谓的街，对她构成了巨大的诱惑，她未得到金叔允许，就立即向那条街俯冲过去。一股巨大的惯性，使她控制不住自己的俯冲，忽地倒下了，然后在凹凸不平的"山坡"上骨碌碌滚了下去。

等她咬牙从地上爬起来时，发现膝盖和额头都碰破了，已经开始流血。

她并没有很在乎她的伤，而是出神地看着那条堆满废墟的街：相对于她之前看到的那些小街，这条街算得上是一条大街了，并且街的两侧居然还有一些房子没有完全坍塌，或一角，或一侧，或半边，虽然残缺，但都勉强地坚持在天空下。

金叔的呼叫声越过那座"山"传来了："橘——花——"

她答应了一声，但并没有很大声——即使大声，金叔也未必能听到。现在，她只想找到一些食物，然后赶紧回到金叔的身边。她独自一人站在这儿，心里不免怕怕的。她立即一瘸一拐地开始寻找。但这条街好像原本就没有什么住户，只是一个一个店铺。那些店铺里有些东西，但都不是吃的东西，也不是马上可以派上用场的东西，比如铁条、炉子、水缸、簸箕、高高的灯柱……即使有用，她也根本拿不动。这里好像什么都有，就是没有任何食物。她很失望，并且感到身体发虚。她只好在一块石头上坐了下来。秋风在这荒凉的废街上乱窜，不住地掀动她的头发。她瞪大眼睛，看着这无用的大街，有点儿后悔翻越"大山"来到这里了。

"橘——花——"

金叔的呼唤声里尽是焦急和担忧。

"叔叔，我马上就回来啦！"她根本没有将头扭向金叔的方向，好像是说给自己听的。

有一段非常简短的时间，她完全忘记了自己是在哪儿，只顾坐在那块石头上，呆呆地思念起姥姥姥爷爸爸妈妈来。冰凉的眼泪顺着那张越来越苍白的小脸往下流着。

可能是一只黄鼠狼，突然从废墟的空隙里蹿了出来，见了橘花，似乎有点儿好奇，鬼头鬼脑地停下来看了她一眼，但很快一溜烟地跑掉了，并很快又钻进了另外的缝隙。

橘花一惊，立即站了起来。

她想立即返回，但犹豫了一阵，还是坚持着往前走去。她一心想找到食物。其实，她早已知道，金叔每天都吃得很少，他把剩下的食物都留给她吃了。金叔已经瘦得不行了，那张长脸显得更长了，那张大嘴也显得更大了。"给我们一点儿食物吧！"她一边寻找，一边在心里对那些废墟说。

突然，她扭头跑开了，因为她往一个坏掉一扇门、还有一扇门撑着的屋子里看了一眼，发现竟然是几口黑漆漆的棺材。

她虽然年纪小，但已经不止一次见到过别人家出丧。她早已经知道这个世界上有一种叫"棺材"的东西，它们是用木头做成的。但她不明白，这里怎么会同时有好几口棺材呢？她还不知道这个世界上有专门卖棺材的地方——棺材铺。

她又差点儿摔倒。她很纳闷自己现在为什么那么容易摔倒。

她的身体也已经很虚弱了。

就在她决定翻越"大山"，很快回到金叔那儿去时，她发现对面有一间只剩下一个门面的铺子。准确地说，不是她发现了这个铺子，而是她发现了铺子上那两个字："米店！"

这两个字让橘花浑身发抖。

她和姥姥姥爷曾不止一次去米店买米。她知道那两个字意味着什么。她看着那两个醒目的大字,乌黑的眼睛就像是黑夜里的星星那样闪闪发亮。她朝它走过去,就像一只饥饿的小猫朝它的食盆走过去。

两扇窗户,两扇门,居然都完好无损,但后面都坍塌了。这房子没有了身子,但脸还在,并且十分完好。

推开门,进去!

推——开——门!

可她看到的是一把冷冰冰的铁锁。

她往窗子里看了看，居然看到了一只还没有被房顶和墙壁压倒的米桶——一只很大很大的米桶，那里面好像有米呢！

她进不去，但这并不影响她的激动。她马上"呼哧呼哧"地爬到了"山顶"："叔叔！米！米！……"她的喉咙忽然就发不出声音来了，她只好迅速下了"山"，往金叔那儿飞奔过去。

她低头从一只水盆里喝了几口水，定了定神，才恢复了声音："叔叔，那边有米，有米，很多很多米……"

金叔脸上顿时放光："那为什么不取一些回来呀，孩子？"

是呀，为什么不取一些回来呢？那废墟里随处都可以捡到一个装米的家伙呀。为什么不先取回来一些呢？金叔的锅在等着米呢！

锁！

锁呀！

那米店的门是锁着的，牢牢地锁着的。

"门锁着呢！"

金叔不免觉得有点儿好笑："用砖头砸开就是了！这很容易的。"他一边说，一边做着用砖头砸锁的动作。

橘花站在那儿动也不动。

金叔没有发现橘花额头和膝盖上的伤。橘花的顺利返回，使他觉得橘花去"大山"那边也没有什么危险。现在最大的危险是食物短缺。他对橘花说："傻孩子，赶紧过去砸锁呀！粮食！粮食！我俩必须有粮食！现在就得有！去吧，孩子，叔叔在这儿等你。叔叔要给你做一顿大米饭！去吧，去砸开那把锁！你怎么还站在这儿呢？快去吧！快去呀！"金叔向橘花挥了挥手。

橘花转过身去,走向"大山"。她走得很慢很慢。

那把锁总是闪现在她的眼前。

是,米店里有米。可是门锁着呢!进到人家家里头去拿人家的米,是偷,不是捡。橘花虽小,但她完全能分得清将人家的门锁砸开拿人家的东西,与在废墟里翻找东西的区别。如果没有锁也好呀!可那门上偏偏有一把锁。

橘花走得很慢很慢,几乎看不出她与"大山"间距离的缩短。好像那真的是一座大山——高耸入云的大山,她在往那儿走,可是总不见她走到山脚下。

金叔都快急死了:橘花,你快点儿走呀!

好像走了一百年,橘花才走到"大山"下;又好像用了一百年,橘花才爬到"山上"。然后她消失了。也不知过了多久,就见橘花重新出现在"山头",但她两手空空。

金叔以为是她力气太小,而那把锁又太大太结实,所以她无功而返。

橘花走回到她的小屋前。

"砸不开锁是吗?"金叔还想安慰她,让她别难过。

橘花却摇了摇头。

她已经拿起了砖头,并且已经走到了门前,甚至已经用砖头砸了一下锁,但当砖头与门相碰发出"咚"的一声时,她的胳膊垂下了,手中的砖头掉落在了地上,差一点儿砸到她的脚。

"你没有砸锁是吗?"

她不说话。

"为什么？难道我们要饿死自己吗？你可别忘了，你还没有见到姥姥姥爷爸爸妈妈呢！再坚持几天——几天，你就能见到他们了，我保证！"

橘花看着金叔说："砸人家的锁、进人家的屋、拿人家东西的是强盗！我不做强盗……"说着，"呜呜"地哭了起来。

金叔连忙用双手捂住了自己那张长脸，并且不住地摇着头。

天色转晚，金叔再也没有对橘花说什么。他将所有剩下的食物都用上了，给橘花做了一顿晚饭。他想这也许是最后一顿晚饭了。他已经有了决定，明天，他就让橘花离开这儿。这样，她也许还有一条生路呢——再也不能与他待在一起了。现在已经没有食物了，而且也不可能有食物了。橘花已经凭她的力量找遍了这一片废墟——凭借她的力量想再找到食物已经根本不可能了。他肯定会在橘花前面离去，她再在这里待下去，只有这一种可能：和他一起离开这个世界——再也没有其他可能了。他觉得，他好像已经被饿坏了的脑子，现在却无比地清楚和理智。

明天，他必须让橘花离开。

他没有再劝橘花砸锁。他知道，那是小丫心头的一个结——一个解不开的结。他能做的就是微笑和感动。

当那天晚上的月亮缓缓走过天空时，他倚在窗口，有气无力地喝着水，回想起他的从前……

十二 黑瓦罐

在那个江边小村，母亲含辛茹苦地将他养大了。他上了学，读了书，十五岁那年，却说什么也不肯读书了，他说要挣钱养活自己，让母亲早点儿过上好日子。凭他的灵性，他学会了吹唢呐。方圆十多里，一年四季总有人家办婚事、办丧事、过生日、祝寿、庆小孩满月什么的，盖个新屋往往也会搞一个奠基仪式，等新屋落成，又得庆祝一番。那些时候，无论是办丧事还是喜事，家家户户都想办得很体面，就会请来吹拉弹唱的。他觉得，这可能就是他一辈子的生活了。日子谈不上富裕，却比一般人家过得好一些，母亲也很高兴。空闲时，他就在家吹吹唢呐，哄母亲开心。他还会吹笛子、吹箫、吹笙，凡是用嘴吹的，他都会。

这年春天，邻近一个村子有户人家结婚，他和其他几个吹拉弹唱的都被请了去。在那里，他见到了一个小时候一起玩大的伙伴。那人小时候长得很黑，所有人都叫他"小黑子"。小黑子总被人欺负，后来，一天早晨起来，人就变得很坏了。他白天睡大觉，到了夜里就精神起来，到处偷鸡摸狗。后来，他偷了一户有钱有势人家的牛被逮住了，被吊在房梁上一顿打。放到地上后不久，他连夜跑掉了，一去好几年才又出现在人们面前。他依旧很黑，甚至更黑，但穿着很讲究，头发油亮亮的，把那些认识他的灰头土脸的男女老少统统比了下去。没有一个人能说清楚他后来干什么去了。他一边走，一边朝人们笑笑，神情有点儿古怪，有点儿阴郁。不久，他就又消失了。

他已经很多年没有见到小黑子了。

小黑子对他很亲热。小黑子告诉他，今天结婚的是他的一个侄儿，他是回来参加婚礼的。比起几年前，小黑子好像更有钱了，人也显得更有精神了。小黑子还告诉他，他是让几个兄弟驾着船送他回来的。婚礼结束后，小黑子没有让他立即回去，而是将他带到船上喝了一个通宵的酒。天亮之前，小黑子拿起他的唢呐"叽哩哇啦"胡吹一气之后，对他说："你就靠吹这玩意儿，从东头跑到西头，东一家西一家混饭吃，能有多大出息，不如跟我走。"

他问小黑子:"跟你去做什么?"

小黑子没有回答:"你跟不跟我走吧?"

迷迷糊糊地,他就答应了。

他回了一趟家,拿了几件换洗衣服,告别了母亲,上了小黑子停在江边的船。

他一走就是三年。

这三年里,总有钱不时地寄到母亲手上,但母亲始终不知道这些钱是他从什么地方寄来的。母亲收到钱后,就疑疑惑惑地将它们放进一个黑色的瓦罐,一分也不动。她要问清楚他,这钱究竟是从哪儿来的——问清楚了,再动。三年后,他回来了,是驾着一只很不错的船回来的。当一叶白帆"哗啦啦"落下,船停靠在码头上时,村里人都好奇地看着:谁家的船?

他潇洒地拴好缆绳,踏着码头的台阶,面孔上扬着,一步一步地走了二十几级台阶,走到了人们的面前。

他朝他们笑着。

过了好一会儿,他们才认出他来。

他和母亲待了一个多月,在一个早晨,驾着他的船又消失了。

半年后,母亲就听到一个确切的消息:他已是一名江洋大盗,横行江上直到出海口一带已经很久了。

又过了两年,他再度回到家乡。这回,他的船更大更结实了,还有几个眼神让人不安的男人护送他回来。

母亲没有让他进屋。

他执意要进，最后跪倒在母亲的面前。

母亲将塞满钱的黑瓦罐放在他面前，叫他赶紧离开。

他依然没有起身。

天下起雨来，并且越下越大。

他就一动不动地跪在雨地里。

母亲已经白发苍苍。她从门里走出来，"扑通"跪在了他的面前。

那几个护送他的汉子一直站在他的背后。这时他们过来，从地上将他拉起。他低着头，转过身去，在那几个人的搀扶下，走向江边。

母亲双手抱起那只黑瓦罐，从地上挣扎起来后，将它高高举起，奋力砸在地上。那些钱，随着不住流淌的雨水，流到了江里……

几年后，他带着他的那帮人在江上打劫了一条万万不应该打劫的船。在将船上的财物抢劫一空后，他居然没有驾船离开这一带。三个月后，当他们再一次打劫一条一看上去就很吸引人的船只时，被船舱里埋伏的几十条汉子一一制伏，五花大绑地送到了警局。原来，那条船是这一带最有势力的一户人家用来运输商品的，一直就在江上等着他们的再次出现。

就这样，他被关到了牢里……

十三 "我不是强盗"

这个叫橘花的女孩让他想起从前。他早已不想他的过去了。无所谓。但现在,跪在地上的母亲的形象,不停地闪现在他的眼前。他可怜的母亲,但他并未理解母亲那颗破碎的心。直到这个小女孩的出现,他好像才开始理解母亲为什么对他那么绝情,又为什么那么绝望。

他为在死亡可能随时来临之际,忽然对自己的从前感到羞愧,并从心底里加以鄙视而感到心安。他真想在离开这个世界之前对母亲说一声:"对不起!"但他知道,这大概不可能了。因为,他们已经没有食物,他已经几乎站立不起来了。

他滑倒在冰凉的地上。

橘花见金叔的面孔从窗口消失了,立即紧张起来:"叔叔!叔叔!"

他好像听见了,他很想站起来,像以前一样笑眯眯地看着橘花,可就是站不起来。

"叔叔!叔叔!……"

橘花不停地叫着,而且叫着叫着,声音就带了哭腔。

橘花就那样一直不停地叫着。

他必须站起来,与她说完最后一句话:"走!小丫走吧!往太阳升起的地方一直走,别回头!"他在心里坚决地相信,橘花很快会得救。他的手抖抖索索地伸向铁窗。他的胳膊很长,手很大。他居然瘫在地上也能抓到铁窗的窗条。他贴着墙,慢慢站了起来。

当橘花终于看到他的面孔时,"哇"地大哭起来。

他对橘花说出那句已在心中重复了许多遍的话:"走!小丫走吧!往太阳升起的地方一直走,别回头!"

橘花却朝他坚决地摇了摇头。

他已经没有力气再对她说话了。他只是神情恍惚地看着她——橘花的形象是模糊不清的，像在雨幕里。

不一会儿，世界慢慢地变得黑暗起来……

橘花拿了一只木桶，飞也似的跑向了那座"大山"。她以出人意料的速度登上了"大山"，一忽儿就不见了人影。

她在离米店还有二十米远的地方就抓起了一块砖头，然后一步步走向米店的大门。她丢下木桶，看着那把锁，一直在哭泣。随即，她抓着砖头，拼命地砸那把锁。一边砸，一边哗哗流泪。她看不清锁了，只好用衣袖擦去眼泪。

"咚！咚！……"砸锁的砖头不住地敲击在门上，那声音在空寂的废墟世界里响着，听上去犹如炮声。

最后一击，那把铁锁扭曲了。橘花丢下了砖头，很容易就将它从门上摘了下来。随即她跑进半明半暗的屋里，并很快用她手中的小木桶从那只大米桶里装了一桶米。不知道是为什么，她从地上捡起了一块小木板，在小木桶口上慢慢地刮了一下，将那些冒出桶口的米统统刮回到大木桶里，然后抱着小木桶赶紧离开了米店。

当太阳即将完成它一天的照耀使命，正往西边天空高高矮矮的断墙背后沉落时，她已经用无法拿进金叔囚室里的那口铁锅，煮好了大半锅粥。

在她千遍万遍的呼唤声中，金叔又一次挣扎起来。

一碗冒着热气的粥，已经放在了篮子里……

那碗粥，将已经快要走到死亡大门口的他，又拉了回来。

金叔吃完粥，觉得自己已经快凉透了的身体里，正有一股温暖的水流在无数条粗粗细细的血管里淌着。他在心中千万遍地说着："谢谢小丫，谢谢小丫……"他对橘花说："叔叔躺一会儿，橘花自己吃饭吧。"然后就躺下了。他已不在那张狭窄的床铺上睡觉，早就将铺盖卷搬到窗下。因为这样，他可以在听到任何动静时以最快的速度出现在橘花眼前。

橘花知道金叔躺在那儿，没有再叫他。她等他好好躺了一会儿之后，再让金叔起来，用篮子将第二碗粥提上去。

她安心地吃着饭。她已经想好了，明天她要用捡来的笔在一张捡来的大大的纸上，写清楚一共取走了多少米，然后放在那个米店的米桶里，她还要在最后写上：

我不是强盗。

十四 小猫

橘花十分坦然地将那米桶里的米掏尽，运到了她的小屋——金叔总怕自己有什么意外，所以决定从现在起，所有食物一律放在橘花的小屋里。一共是五小桶、四大碗加上一小碗半。为了做到数量精确，橘花在金叔的注视下，每次装满小木桶和碗之后，都会用木板将桶口和碗口仔细刮平。她做得极其认真，每报一个数字，必定要问一声金叔："记下了吗？"

她歪歪扭扭地在那张纸上写下那几个字时，金叔特别想对橘花说："我写！以我的名义写，就写：'我是一个强盗！'"可是他知道，橘花是不会相信的，更不会这样做。

这些米，都被橘花存放在那个有盖子的木头箱子里。

金叔估摸着米的数量，在心里说：应该可以维持到人们回来了。填饱了肚子，又看到有这么多米，他很快有了精神。他用木头给自己做了一把椅子，坐在窗口看着橘花，看她依然在到处寻找着什么，看她用瓦片在地上画了格子，自己和自己玩跳房子，看她站在那座最高的废墟上向远处眺望——他知道，那是她在思念她的亲人们。

她在米店那条街上，又从废墟里找到了一块咸肉和一串香肠。

好日子呀好日子！

金叔唱歌，橘花唱歌，他们各唱各的歌。

唱累了，金叔突然问橘花："你知道叔叔是干什么的吗？"

橘花摇了摇头。

"叔叔是一个大盗，一个江洋大盗……"

橘花"咯咯咯"地笑了起来。

"我真的是江洋大盗，我是一个囚犯！"不知为什么，他现在特别想告诉橘花他原来是干什么的。

橘花一个劲地"咯咯咯"笑着："你没有戴手铐呀！囚犯是戴手铐的，我看到过的。在戏院里、在街上，和爸爸一起。"

"因为我只抢财物，从来没有伤害过任何人，甚至没有伤害过船上的一只猫。"

橘花还是抑制不住地笑。金叔越是认真地说，她就越不相信，最后笑倒在她的小床上，好像肚子疼似的翻滚着："叔叔骗人！叔叔骗人！……"

金叔无可奈何："好吧好吧，你是不会相信的，你怎么会相信呢？"说着说着就变成了自言自语，"你是不会相信的，你怎么会相信呢？……"

从远处好像传来了几声猫叫。

橘花立即在小床上坐了起来。

猫叫声已经很清晰了。

橘花立即从小床上跳下来，冲出了她的小屋。她又仔细听了听，立刻朝猫叫声传来的地方跑去。当她登上那座"大山"时，金叔大声叫道："不要跑远！"

橘花已经消失了。

过了很久，当橘花再次出现在"山顶"上时，她的怀里抱着一只猫。

这是一只金黄色的小猫，非常瘦弱。它好像早就认识橘花，一直十分乖巧地待在她的怀里。

"你是要收留它吗?"金叔问。

橘花点点头。

金叔想对她说:"那就会多出一张吃饭的嘴。"但他没有说。因为他从橘花的眼神里看出,她是绝对不会丢下它的。

小猫在橘花的怀里一直微微颤抖。

橘花也不管它浑身脏兮兮的,就把它放到自己的小床上,然后从一堆大大小小的碗和盘子中选了一只最好看的碗。那碗浅浅的,印着一条条小鱼。她盛了一勺粥,放到小碗里,端到小饭桌上。

小猫被抱上小饭桌后，马上将头埋到了碗里。它已经很饿了，却没有像金叔预料的那样一边发出"呼噜"声，一边不顾一切地吃着。它吃得很文雅，发出很小很小的"吧唧"声。

橘花一边歪着头看着它，一边用手在它的背上轻轻抚摸着。

从现在开始，小猫就成了这里的一员。

金叔倒也很高兴："橘花也算有个伴儿了。"

橘花觉得小猫太脏了，对金叔说："我要给小猫洗个澡。"

金叔从那天橘花提起第一桶水不是先喝而是洗脸，就看出橘花是个爱干净的女孩。他在窗外支了一个活动的晾衣杆，几乎每天都要给橘花洗衣服。橘花已经有三套好看的衣服，都是她从废墟中捡到的。他让橘花安心穿上这些衣服的理由是：你不穿，它们就会烂掉；你穿上，以后再还人家，她们到时还能 得到新衣服呢！

他会将晒干的衣服叠好，等压出好看的折印了才让橘花穿上。

橘花总是穿得整整齐齐、干干净净的。

橘花说要给猫洗澡，金叔马上说："好。"他很快烧了热水，然后用凉水兑好，觉得温度合适了，倒进那把扁壶，再将壶嘴伸出窗外，将水倒进用篮子吊上来的一只盆子里，再把盆慢慢降到地面，让橘花把水倒进一只大木盆。

小猫起初不肯洗，不住地叫唤着，要往木盆外面爬。

橘花说："你脏死了，不洗干净，我不让你进我的小屋了。"

小猫好像听懂了她的话似的，渐渐地安静下来。

洗干净后的小猫，那一身光滑的毛就像浑身洒满了金色的阳光。

今天的晚饭吃得比以往早一些。那时，太阳还在西边呢，好像被秋天的一片灌木丛挂住了，落不下去了，就一直照着橘花、小猫、小饭桌以及小饭桌上的食物。

蒸了一根香肠，切了一小盘，金叔只给自己留了三片，其余的都到了小饭桌上。

橘花给小猫至少吃了四片。

金叔看着眼前的情景，一时忘记了他们现在身在何处。

那图景就仿佛是一对流落他乡的父女俩，在过着一种平平淡淡，却又很有意味的生活……

十五 一群野狗

这天夜里，金叔估计橘花在小猫陪伴中已经进入梦乡。他望了望黑暗的天空，打了一个哈欠，也准备睡下。就在他不经意地向西边看了一眼时，忽然发现那些断墙的后面，有一对对蓝幽幽的亮光。他惊了一下：这是什么亮光？顿时，他睡意荡然无存，神经立马紧绷。他屏住呼吸向那边看着。那亮光让他想起以前在黑暗中驾船于大江之上，看到的江边荒地坟场上游荡的鬼火。眼前的这些亮光是一对对的，好像有很多对。就见这些亮光，一会儿消失了一对，一会儿又亮起一对。一会儿多，一会儿少，多的时候很惊人：一对对，一对对，一对对……好像到处都有亮光在闪烁。

金叔很快就做出判断：一群野狗！

那些失去家园的大大小小的狗很快就变成了野狗。

野狗喜欢成群结队地活动，并且不会常待在一个地方，而是不断地迁徙。

他不能再睡了，他必须守在窗前保护橘花。他很清楚野狗的贪婪、狡猾和凶残。他的脑子快速转动，他必须迅速拿出能够对付任何可能发生的事情的方案，但就是不知道在野狗一旦进攻时，他能有什么应对的办法。他很焦急。他能做到的就是胡乱地将那些可以投掷的东西赶紧聚拢到窗口——说什么，他也不能让它们靠近橘花，更不能让它们闯入她的小屋。

小猫好像感觉到了远处的威胁，往橘花的身边靠了靠，"喵"地叫了一声。

橘花迷迷瞪瞪地将它搂到怀里，继续着她的梦。

那些阴沉的、冰碴一般的亮光忽快忽慢地向这边移动过来。它们的上空，是一团团乌云，那些乌云很像是夜幕下的荒原怪兽在风中到处乱窜。仿佛，这天上地下，到处都是一些让人害怕的动物。幸好，橘花还在睡梦中。

金叔在焦急中不知抓到一件什么东西，拿到窗口一看，是那只有点儿沉重的旧皮鞋。他不禁在心中笑了。他没有放下这只旧皮鞋，觉得这也许会是一件很不错的武器呢。他在黑暗中动了几下，想象着，如果有哪一条野狗敢过来，他该怎样精准地将这只旧皮鞋砸中那条野狗。必须一下就砸中！而且必须是狠狠的，最好是砸在它的眼睛上，最不济也要砸中它的鼻子！要一下子就震慑住它们！

这群野狗显然闻到了人的气味。它们可能已经有很长时间没有闻到人的气味了。它们一直在寻找着人。因为只有找到人，才有可能找到食物。它们已经不再是从前家养的狗，而会随时伤害人，尤其是弱小的人。它们的眼睛好像都在往橘花的小屋看。

小猫已经开始哆嗦。

橘花可能是因为白天太过劳累，也可能是因为身边多了一只可爱的小猫，因此睡得比以往任何一个夜晚都要踏实和香甜，竟对正步步逼近的野狗毫无觉察。

金叔已经听到了走在最前面的野狗在喉咙里发出的"呜噜"声。

月亮突然从天上野兽的背后钻了出来，随即光华水漫般泻了一地。

那一对对亮光一下子被月光吞没了，它们的样子却被金叔清楚地看到了。各种颜色、各种体形、各种品类的狗，东一条西一条地站在那里，一律朝着橘花的小屋。它们好像闻到了小屋门前的绳子上挂着的咸肉、香肠和留给小猫夜里吃的稀粥的气味。也许这些东西加在一起也喂不饱它们中间的任何一条，但那些气味它们已经很久没有闻到了，因此被深深地吸引了。金叔甚至看到一条狗的嘴角上，正流淌着口水。

月亮的出现，使它们稍微惊了一下，但它们只是收缩了一下身子或是矮下一点儿腰背，等明白了那只不过是遥远的月亮出来了，就很快地恢复了它们的行动。它们的前进路线并不是直线，而是不停地走着弧线，但这圆弧越来越小了。

小猫伏在橘花的身旁，脑袋一直冲着门外，做出一副准备随时跳起的样子。

金叔将拿着旧皮鞋的手慢慢地伸出窗外，这个动作带有明显的警告性。

也许是对金叔的举动毫无觉察，也许是一心想靠近食物，这些已经饿得不成样子的野狗完全不在乎金叔的警告，依然摇晃着走向橘花的小屋。

野狗喉咙里低沉的"呜噜"声，终于使橘花醒来了。她也许觉察到了什么，竟然一下子就坐了起来，随即向门外望去。虽然睡眼蒙眬，但她还是隐隐约约地看到了那些野狗。她一把抱住小猫，顿时缩成一团。她想叫金叔，却吓得不敢吭声。

一条灰色的大狗，走在最前面。它好像是罗圈腿，走起来身子一晃一晃的，但步伐很大，不一会儿就走到了离小屋只剩丈把远的地方。

橘花一下子就看到了它的眼睛。虽然是在夜色中，可是她分明看到它的眼睛里有粉红色。

灰狗抬头看着挂在绳子上的咸肉和香肠，嘴角上的黏液不住地往下流淌。

橘花一边看着灰狗，一边慢慢地往后挪动着身子。小猫和她眼睛一起看向灰狗，都不敢眨一下。

灰狗可能是觉得那咸肉和香肠吊得太高了，心里很不痛快，转而看向橘花，喉咙里的"呜噜"声也愈发浓厚和响亮。

橘花惊恐地瞪大着眼睛。

金叔希望她千万不要发出声响，更不要动弹，因为这可能招致灰狗的突然攻击——那些狗已经不再是狗，而是狼了。当它们面对食物和人时，可能会先去攻击人，因为在它们看来，人是不会让它们窃取食物的，会奋不顾身地保卫他们的食物，因此，它们对人的仇恨往往会暂时压倒一切。

就在灰狗慢慢地摆出要向橘花扑去的架势时，金叔抢先一步，猛地将手中的旧皮鞋砸向灰狗。他居然做到了他心里希望做到的：旧皮鞋"嗖"的一下，准确地击中灰狗的左眼，而且好像还是坚硬的鞋头击中的。灰狗发出一声惨烈的嚎叫，身子扭曲着在原地打转，接着又在地上打滚。其他狗完全没有想到灰狗会遭到突如其来的袭击，而且还那样惨烈，于是扭头就跑，转眼间就消失在远处的断墙背后。

灰狗的眼睛好像在流血，它趴在地上，慢慢向后退去。

这时，一根木棍已经操在金叔手中。

灰狗没有再看橘花，而是在狼狈而艰难的撤退中一直用剩下的那只眼睛胆寒地看着金叔。

金叔用握在右手的木棍一下一下敲打着左掌，目光犹如两枚火炬。

灰狗呜咽着，掉头跑向已经在远处的狗群。也许，那些狗看到了灰狗的惨状，或是灰狗向它们诉说了一个长脸男人的厉害，这些狗现在只敢远远地看着小屋方向，再不敢轻举妄动。

金叔看到狗群撤去，双手反而颤抖起来。他看不太清楚橘花的样子，但还是看到了她眼睛中的恐惧和身体的颤抖。他装出一副轻松的样子，对橘花说："小丫不用害怕！金叔看着呢！"

"叔叔……"橘花忽然哭了起来。但她不敢大声哭，怕又招来那些野狗。

"小丫别哭，小丫别哭……它们不敢把小丫怎么样的，叔叔是绝对不会让它们靠近的！"

金叔转身点亮了一支蜡烛，将一只碗扣过来，放进吊在窗口的篮子里，他将蜡油滴在碗底，再将蜡烛按在上面，等蜡油完全冷却、蜡烛可以稳稳当当地立着了，才将篮子慢慢放下去："橘花，别怕，把蜡烛端进小屋。"

橘花放下小猫，从小床上下来，将蜡烛端进小屋，稳稳地放在那只木箱上。

金叔说："橘花，睡吧。"

橘花乖乖地躺到了小床上。

小猫乖乖地蹲在她的脑袋旁，总拿眼睛看着金叔……

十六 再一次击退

灰狗一直蜷在尘埃里。那只被皮鞋打爆的眼睛还在流血。

但那些野狗并没有因为灰狗的下场而撤离。它们鬼鬼祟祟地躲在断墙背后，一直在向小屋这里偷偷张望。风将这里的人的气息、饭菜的气息送到它们的鼻子里。它们既想吃食物，又想咬人。蠢蠢欲动的它们，在潜伏了一个白天之后，当夜晚来临时，又开始以弧形的路线向小屋逼近。

这在金叔的预料之中。整个白天，他都在准备着迎战这个夜晚。他让橘花捡来许多碎砖、石块等，然后用篮子吊到囚室里。然后，他让橘花远远地躲到一旁，又将那些碎砖和石块一一砍向窗外。每一块碎砖、石块都有明确的目标。留给他的时间并不多，他必须在最短的时间内提高自己打击目标的准确性。砍完了这些碎砖和石块，他又让橘花将它们捡回来，再用篮子吊到他的屋里，再一次统统砍向窗外。捡，提，砍，循环往复无数次。金叔很满意，因为砍到最后，他几乎可以做到百发百中了。但他很清楚，能做到这一点，其实不是今天一日练就。那是他小时候练好的技能。小时候他用石块将高高的树枝上的柿子砸落，又砍向一只正在山坡上奔跑的兔子……好像那时他就已经知道会有这一天，需要用上这番功夫似的。

他又用菜刀将六根木棍削成了标枪。

他劈了一大堆木材，在烧完晚饭后，始终让灶膛里保持着一块烧红了的木材。

天黑之后，他让橘花将小房子卷上去的那块油布放下，并系好。这样，野狗就看不见她了。他在高处，而且是一个有着各种武器的大人，橘花却是一个手无寸铁的孩子，它们攻击的只能是橘花。也许，野狗看不见橘花，对橘花而言多多少少是有利的。但橘花也看不见他了，这会使橘花同样不安。他一次次对橘花说："小丫只管安心睡觉。我有那么多对付它们的办法呢，它们根本不能把你怎么样！我守着，有金叔在，你就什么也不用怕！和你的小猫睡吧，睡吧……"

橘花隔一会儿就叫一声："金叔！"

"金叔在！"

那些野狗在离小屋不远的地方暂时停下了。又是一对对的亮光在闪烁。它们可能打算等夜再深一些才过来。

金叔已经做好了一切准备。但当他根据那些亮光，约莫估计了一下野狗的数量后，心里又有点儿没底了：这是一大群野狗！他必须十分智慧地对付它们，必须要做到精准打击。他在它们按兵不动之际，通过仔细观察，大致搞清楚了这群野狗里天性残忍的有多少条，跟在后边狐假虎威的有多少条，属于亡命徒的有哪几条，属于胆小鬼的有哪几条，哪几条可以忽略不计，哪几条则必须心狠手辣地给予打击。这样一区分，金叔心里又踏实了许多。看着那一对对忽明忽暗的亮光，金叔倒希望它们能快点儿行动。今天晚上，他特意多吃了点饭，他有的是力量。夜风徐徐，他的脑子也格外清醒。

一条黑得与夜色分不清的黑狗出动了。它一颠一颠地跑动着，很轻松，样子很像一匹马。但它不是马，而是狗，一条脾气很坏的狗。它要给身后那些狗做一个榜样——一个勇往直前的榜样。

谁说遥远的月亮无心，它明明站在金叔和橘花这边。就在金叔看不清那条黑狗、担心无法准确打击它之时，月亮像一盏圆圆的灯笼高悬在万里夜空，让金叔将那黑狗看得一清二楚。他将抓着石块的手慢慢伸向窗外，只等黑狗走进他能有效打击的范围。

黑狗颠颠地跑来。

金叔突然发力，将一块很有分量的石块砍了出去。虽然未能砍到它的眼睛和鼻子，却砍到了它自以为是的一条前腿上，就见黑狗"马失前蹄"，"扑通"栽倒在地，哀嚎声立即响彻夜空。

其余的野狗立即被镇住了，却未像昨天夜里那样纷纷掉头逃跑，而是原地站住，没有显示出乱了阵脚的样子。不仅如此，黑狗的哀嚎还激起了它们的斗志，只犹豫片刻，集体性的前行就好像得到统一口令一般又开始了。它们沿着各自的路线，迈着各种步伐，有条不紊地走向小屋。

黑狗的哀嚎，橘花听得真真切切，但她抱着小猫没有发出任何声响。她向金叔保证过，无论外面发生了什么，她都会保持安静。她已经不像昨天夜里那么害怕。因为，昨天金叔漂亮的一击，已经让她清楚地看到了他高超的击打能力。

金叔看准了这次集体性的进攻中，起核心作用的那几条野狗。他有条不紊地向它们砍去有棱有角的碎砖或石头，虽然并未都做到砍中它们的要害部位，但没有一块碎砖、石头是虚发的。

那个企图保持阵形的野狗队伍，勉强坚持了一会儿，还是涣散了。

金叔冷冷地看着这些畜生。

但愿它们就此退去。但他未能如愿，那些野狗稍微调整了一会儿，又开始了新一轮进攻，而这次进攻有点儿"鱼死网破"的狠劲。又是一阵连续不断的击打之后，碎砖和石块已经用完，已到了使用标枪的时候。而标枪就那么几根，必须每一根都能投中目标，而且至少有一根要击中一条野狗的致命部位。唯有这样，才能结束今夜的进攻。

野狗们都红了眼，面对小屋，露出一副势在必得的嘴脸。

微风吹来，将它们身上难闻的腥味带进了小屋，橘花不禁捂住了鼻子。

金叔尽量让自己沉住气，手中的标枪只是举着，却迟迟不投。那些野狗倒有点儿犹豫起来，脚步放慢了。

金叔就是不投。

它们看了一眼雕塑一般的金叔，忽生错觉，以为他是一个冻结了的人，根本不用害怕，于是"呼啦啦"开始奔跑起来。

那些野狗的身影不停地错动，使金叔本来看准了的击打对象不时被其他野狗的身影挡住，让他一时无法下手。他只能更加专注地盯着他要击打的对象。还好，连续投出去的标枪都击中了，虽然因为其他野狗的干扰，未能击中要害部位，但连续不断的、不同声音的哀嚎还是动摇了狗群。它们的阵脚再次混乱，并有不少野狗表现出明显的犹疑和惧怕。

小屋里的橘花，只听见外面此起彼伏的哀嚎，并不见门口有危机出现。她真是佩服金叔。虽然看不见那些狗，但听外面的声音，她也能想象到狗群的规模和它们被金叔击打后的惨状，情不自禁地在心里构想着不能看到的情景。金叔虽然与她之间还有一段距离，可是她觉得金叔就站在她的身后和面前。她不害怕，低头对抱在怀里的小猫说："小猫别怕，有金叔呢，我们才不用怕呢！"

金叔的第五根标枪如愿以偿地击中了一条身材高大的黄狗的肚皮。金叔虽然看不清这标枪究竟如何刺入了黄狗的身体，但他能够感觉到这一次击打的非凡作用。

那条黄狗显然是狗群中具有强大影响力的。当它倒地痛苦呻吟时，其他狗都忽然受到惊吓，不是掉头就跑，就是原地转着圈，不住地在喉咙里惊恐地呻吟。少数几条狗靠近黄狗，本是想关心它一下的，不想它却朝它们龇牙咧嘴，显出一副凶恶的样子，好像那标枪是它们所为，吓得它们赶紧远远跑开了。

黄狗的身体上拖着标枪，嚎叫着，踉踉跄跄地往黑暗里走去，它随时都可能彻底倒下。

一些还没有撤离的野狗，借着月色看向窗口，见到金叔抓着标枪一动不动地站在那里，都赶紧跑掉了。过了好一阵，除了远远地传来的野狗的呻吟，世界又重回安宁。

金叔说："橘花，睡觉吧。"

橘花没有回应，她想让金叔觉得她正安静地睡着呢。

金叔说："我知道你醒着呢。起来，卷上油布，让月亮照进你的小屋吧，没事了。"

橘花听从了金叔的吩咐，卷上了油布。

当困倦袭来，橘花进入她的梦乡时，金叔却依旧守在窗口。他不时地将一块块红彤彤的、带着火星的木材从灶膛里取出，先在窗口举一会儿，然后高高地抛向空中。只见一团火划过天空，在空中画出了一条闪光的弧线，然后落了下去。

金叔知道，野狗是很害怕火光的……

十七 飞行的绳索

第二天上午,橘花去水井打水时,听到不远处有条狗在叫,吓得丢下水桶就往回跑。但那狗并没追过来,她也就站住了,好奇地向那边看去。那狗好像被一道矮墙挡住了,她看不到。而且那狗所在的地方与水井也不是一个方向,她就又放心地往水井走去。当她登上那座稍微高一些的废墟时,再往那边看去,看到了一条白狗。除了白狗,再也没有其他狗了。她打完水之后,心里还在惦记着那条白狗。她觉得那条狗好像有些残疾。后来,整整一个上午,她都在惦记着那条白狗。

那条白狗,就在那些野狗过来的路上。它也许是昨天夜里跟着那些野狗一起过来的,但当它们纷纷撤离之后,它却因为饥饿,又加上残疾,就再也翻不过这座高高的废墟,只好瘫在那里了。

其实,金叔早已经看到那条白狗了。他回忆了一下,昨天夜里,他并没有见到这条白狗。也许,它当时就根本没有跟随那些野狗前来。

吃完午饭,金叔实在困倦得不行了,叮嘱橘花小心点儿,不要走远,就躺了下来,不一会儿就睡着了。

橘花觉得那条白狗并不坏,就壮着胆子,往那边走过去。她手上抓了一块砖头——万一它并不是一条好狗,要咬她时,她好举起砖头来保护自己。她很快看到了那条白狗。

白狗也看到了她。倒是白狗有点害怕,一边后退,一边警惕地看着她。它的一条后腿好像早就断了,只能用三条腿十分艰难地走路。

橘花蹲在断墙旁看着它。

它一直看着橘花,也许觉得这个小姑娘没有要伤害它的意思,也就不再往后退了,眼睛里也不再显出凶狠。

橘花觉得这条瘦得皮包骨头的狗很可怜，看了一阵就不忍心再看了，慢慢地走回到自己的小屋跟前。但她的眼前，总闪现着那条白狗在她离开时的眼神。那眼神中有乞求的意思。小猫懒洋洋地来到她的腿边，她将它抱起来，一直朝那边看去。

那白狗又叫了一声。在橘花听来，这好像是冲着她叫的。

她又犹豫了很久，然后仰头看了看窗口。她没有看到金叔的面孔。她还是看着——金叔还在睡觉。她丢下小猫，用那只给小猫喂食的碗盛了留给小猫的粥，然后端着粥碗向那条白狗走去。她走得很慢，倒不是怕自己没有将粥碗端平，让粥溢出来，而是心里一直犹豫着、担忧着：万一它突然咬人呢？

这时，橘花突然听到了金叔的呼喊声："橘花，赶紧回来！"

橘花回头看了金叔一眼，又扭过头去看着白狗。

金叔更加大声地喊道："回来！立即往回走！"

她还是走到了白狗的面前。

白狗好像知道她还会回来，见了她，没有显出一丝一毫的紧张，两眼一眨不眨地盯着她手中的碗——它好像已经闻到了食物的气味。

橘花最终也没敢太接近白狗。在离它还有两丈多远的地方，她一边看着它，一边慢慢蹲下，将粥碗放在一个很平整的地方后，弓着腰往后退去。

白狗一瘸一拐地走向了那只粥碗。

橘花就蹲在一堆废墟上看着它。

金叔一直十分焦急地在窗口看着她：这孩子！

不知道想到了什么，他将一根长绳拿了出来，结了一个套马扣，然后将绳子一圈一圈地在地上放好，然后他又数了数今天早晨从下面提上来的碎砖和石头。他觉得，那些不死心的野狗就在什么地方藏着，随时可能再来侵犯他们的"领地"。他闯荡江湖这么多年，太清楚野狗的脾性了——哪里是狗性，是狼性，甚至比狼还要狼。对它们不能像平时对待狗那样，心一定要狠，甚至要毒辣。不然你就会被它们群起而攻之，会被它们咬得遍体鳞伤，甚至可能会被它们咬死。

金叔又大声叫道："橘花，回来！"

白狗看到了碗里的稀粥，马上扑过来，差点儿碰翻了粥碗。

白狗不要命地吃着碗里的粥，橘花看着它那副恨不能将碗吞进肚里的样子，忽然有点儿害怕起来。她不想要那只碗了。她站起来，就在她回头向金叔看去时，只听见金叔用最大的声音叫道："橘花！快！快往回跑！快！……"

一大群野狗从一道江堤般的废墟背后忽然翻登上来，没有做任何停留，就往橘花这边跑来，速度之快犹如疾风闪电。

橘花一下吓傻了，惊恐地看着眼前的情景。

"橘花！快！快跑！快跑呀！……"

跑在最前面的五六条野狗，差不多同时扑向了那只还剩下一点点粥的碗，于是发生了一场抢斗。它们互相撕咬着，喉咙里发出吓人的"呼噜"声，那只碗在它们的争抢中不住地跳动、翻滚，发出"叮叮当当"的声音，最后撞在一块石头上，"哗啦"粉碎了。

这给了橘花一个逃跑的机会。在金叔的呼喊声中，她拼命跑向金叔。

还在屋里打呼噜的小猫听到了外面的动静，从小屋里跑出来，跳跃着向橘花跑去。

那些野狗终于明白了那只粉碎了的碗已经毫无意义，看着橘花小小的背影，转眼间就向她跑去。

站在窗口的金叔双手索索发抖。

橘花看到小猫，蹲下身来将它抱起。

金叔看到了，将脑袋猛地撞在窗条上：我的天哪！还抱什么猫呀！赶紧跑呀！

他一手抓起了一块石头。

野狗们不再跑弧线，而是一律径直跑向橘花。在它们发红的眼睛里，橘花也许是个人，一个小小的人，却是一个它们很想咬上一口的人——她已经被它们当成了猎物。

"往叔叔这边跑！往叔叔这边跑！扔掉手中的猫！扔掉！……"金叔大声吼叫着。

橘花依然抱着小猫。她几次都差一点被地上的瓦砾绊倒，但也因为她突然改变奔跑的姿态，吓了那些野狗一跳，多少为她争取了一点儿逃跑的时间。

跑在最前面的是一条棕色的、体形修长的野狗，就在距离橘花仅仅还剩几尺远时，那只平时特别柔顺的小猫突然从橘花手上挣脱出来，跳到她的肩头，向那条棕色的狗做出一副要扑咬的凶样，将那条棕色的狗吓得闪了一下。

橘花正要伸手把小猫重新抱到手中，它却从她的肩头猛地跳向空中，然后忽地落在了地上。

那些狗根本没有想到会有这样的情景发生，当小猫从空中落下时，就像许多天前看到一枚炸弹从天而降一般，吓得四处逃散。小猫趁机一转身，跑到了橘花的前面，并带领她以更迅捷的速度向金叔跑去。

野狗们很快醒过神来，重新掉转头扑向橘花。

那条棕色的狗也许就是头狗，这时它反而没有冲在最前面，而是处在中间的位置，向那些野狗狂吠了一通。这在金叔听来无疑是："冲上去！去咬那个小女孩！"

橘花离金叔已经很近了，但金叔还是希望她再往前跑上十几步，这样，这些野狗就处在他能够有效进行击打的范围内了。但橘花因为气力在极短时间内的骤然消耗，双腿一软，向前扑了几步，一头栽倒在地上。

那些野狗迅速扑向她。

金叔没有办法，他只能在野狗撕咬到橘花之前，就将手中的石头砸出去。还好，第一块石头就击中了领头的一只尖嘴狗的腰部，只听见这尖嘴狗一声哀嚎，掉头就跑。其余的狗暂时也停住了脚步。

橘花抬头看了一眼金叔，往前爬去。

小猫却一直对着那些远远高大于它的野狗。它的脊背隆成弧形，身上的毛都竖立起来，不免有点儿可笑地与那些高大威猛的野狗对阵。

棕色大狗一阵狂吠后，跑在前头的狗又扑向了橘花。

又是一块石头砍了过来。这一回砍中的是一条矮脚狗的臀部。就见它忽地瘫坐在地上，然后一边呻吟，一边扭头用嘴巴去舔舐伤口，但又不能如愿做到，于是就像一只陀螺，在那里转动不止。

橘花继续向前爬着。

一条矮脚狗突然越过两条高大的野狗，跑到了最前头，并且张嘴就是一口，将橘花的鞋咬下了一只，然后叼在嘴上，困惑地站在那儿。

一块碎砖飞了过来，砸在它的鼻子上。它猛地跳了起来，但没有松口，依然叼着橘花那只鞋。等它落地之后，更是使劲地咬着，并不住地甩着脑袋——它以为咬到了人呢。

金叔不住地将石头和碎砖砍向野狗，转眼间就将这些击打物用完了。眼看着那些野狗更加疯狂地逼近橘花，他只能抓到什么就往外投掷、劈杀了。木块、铁勺、菜刀、盘子、铲子、瓶子、烧火棍、瓦罐、枕头……这些物件让那些野狗防不胜防，目瞪口呆。

"马上就要用到绳套了！"他在心里说着。囚室里已经没有什么可以投掷的物件了。他把那一圈圈绳子套在胳膊上，右手拿起了绳套，伸出窗外，不住地摇晃着绳套。

那一刻，金叔又想起驾船于大江之上时的抛缆绳。那船在湍急的水流中想要靠岸，他需要在船上准确地将缆绳抛到岸上一个接应的人的手中。常常，岸上并没有接应的人，他就得像草原上的套马人在快速运动中套马一样，将带扣的缆绳准确无误地套在码头上的缆桩上。遇到想打劫一番的船只，在他威胁的吼叫声中，人家却并不把船停下，反而扯足风帆，他就得飞也似的抛出长长的缆绳，一下子就套住那船头或船尾上的缆桩，然后迅速收紧缆绳，敏捷地登上那条船去。天长日久，他抛撒的绳套已经可以做到百发百中。

就在这时，那条棕色大狗在狠狠咬了一条回撤的野狗一口之后，穿过狗群，猛地扑向刚刚从地上站起来的橘花，并在金叔还没有反应过来时，一下子扑到了橘花的背上。

橘花身体的轻盈反而帮了她的忙——她经不住突然而来的冲撞，又一次扑倒在地上。棕色大狗一时失去平衡，向前翻倒过去。就在它一跃而起，想再度扑向橘花时，那根粗粗的绳索从金叔的手中"嗖"地飞出，就见绳扣在气流中飞成一个椭圆，飞向棕色大狗的脑袋。

所有的狗都看着空中这个椭圆。

金叔的眼睛一直追随着这个椭圆。

它飘飘落下了……

等棕色大狗反应过来时，那个绳扣已经套在了它的脖子上。它在那一刻似乎意识到了这意味着什么，于是拼命挣扎，但挣扎的结果是绳扣越来越紧地套在它的脖子上。

金叔迅速收紧绳索,转眼间就将它吊离地面。

那些野狗顿时吓傻了,仿佛凝固了一样,一条条静止在了那里,既不叫唤,也不动弹。天地之间只有棕色大狗发出的沉闷嘶吼,犹如一条即将被宰杀的猪发出的声音。

金叔两眼冒着火星,毫不留情地将它高高吊起。

那些野狗看着它们的头领,慢慢往后退去。它们的背一律弯着,身子都矮了半截。它们的退却非常缓慢,也不知是要以这种方式与棕色大狗诀别,还是怕再惹窗口那个冷冰冰的长脸男人生气;它们缓慢地后退,不知是忍气吞声,还是要显示出一副臣服的样子。

野狗们撤退的速度在百步开外后突然加快了，转眼间就消失在那道长长的废墟背后。

棕色大狗的舌头已经长长吐出，眼睛明显地往外凸出。

从地上爬起来的橘花看了一眼棕色大狗，连忙蒙上双眼。

"橘花进屋去！"金叔说。

橘花站着不动。

"橘花进屋去，听见没有？"

棕色大狗已经没有声音了。

橘花央求金叔："叔叔，放了它吧，放了它吧……"

"进屋去！"金叔大声说。

"叔叔，放了它吧，放了它吧……"

橘花哭了。

金叔冷着脸，大声吼叫起来："立即给我进你的小屋去！立——即！"

橘花慢慢走向小屋："叔叔，叔叔，放了它吧，放了它吧……"

金叔却更高地吊起棕色大狗："进屋去！"

橘花进了小屋。

"放下油布！"金叔的声音有点儿嘶哑，但不容辩驳。

橘花在小猫钻进小屋的那一刻，放下了油布。

世界一片死一般的沉寂……

金叔站在窗口，看着棕色大狗："你们必须离开这儿！谁也不能伤害那个小姑娘——谁也不能！你们怎么能这样残忍？知道她是一个多么善良的女孩吗？你知道我是什么人吗？我是江洋大盗！我对你们绝对不客气。不错，你们失去了家园和主人，但你们不可以变成这样！这个城市很快就会恢复到之前的样子，那时，你们怎么面对你们的主人？你们这些丧心病狂的野狗！我奉劝你们，还是远远地离开这儿吧，不要再打这儿的主意！你们知道那一点儿可怜的食物是从哪里来的吗？是那个小姑娘好不容易找到的。等吃完了这一点儿食物，如果还没有人回到这座城市，我们就会死掉！可你们是有四条腿、可以自由奔跑的狗呀！你们完全可以离开这个城市，到远方去寻找食物——肯定能寻找到的，何必还待在这废墟之上？……"

他一直很细心地看着棕色大狗的眼睛。

它的眼睛微微闭着，好像在打瞌睡。

金叔知道，狗有三条命呢，它死不了的。他只能这样做，做到极致。唯有这样做，才能让这些野狗彻底离开这儿，并且永远不再回来打扰他和橘花。

太阳光一直明亮地照着这个似乎已经无声的世界。

有片刻时间，金叔忽然觉得身体十分虚弱，使劲用双手抓住铁条，才没有倒下。他不再对棕色大狗说话，仿佛该对它说的已经说完了。

又过了一会儿，他将棕色大狗缓缓地放到了地上。

棕色大狗一动也不动地躺在那儿。

金叔脸上没有丝毫不安。他转身用碗在那只扁壶里倒了一碗凉水，然后伸出窗外，将凉水慢慢地洒落在棕色大狗的脸上。

也不知过了多久，棕色大狗动弹了一下。

狗是土心。一条看上去已经没有生命的狗，一旦将它放在土上，它就会苏醒。金叔很清楚地知道这一点，所以并不着急。他心平气和地看着它，等它苏醒，然后再看着它离开这儿。

后来，正如金叔所预料的那样，棕色大狗醒来了。开始，它没有能够站起来，只好又躺在地上。微风吹着，它那一身的毛就像枯萎的野草起伏着。这时，金叔看到了它眼角上的泪水。他不免有点儿难过起来，"站起来走吧！"他在心里说。

棕色大狗终于站了起来，然后朝着西方，摇摇摆摆地走了。

太阳将落未落之际，金叔清楚地看到，那群野狗正头也不回地走向天边，直到彻底消失……

十八 小丫，你在哪儿？

早晨，橘花发现小猫不见了。她"喵呜喵呜"地呼唤着，在她的小屋四周寻找着，却听不到小猫的回应。

金叔说："猫不会总待在屋子里的，它是一定要去玩耍的。你可以到稍微远一些的地方找一找，别担心，那些野狗再也不会回来了。但，你也不要走得太远——走得太远会迷路的。"

橘花就向水井那边找去，一边走，一边不住地呼唤着小猫。

一只很大的黄鼠狼站在不远处的废墟上朝橘花看着。

橘花忽然想到：黄鼠狼吃猫吗？可是再一想，这是不可能的——她还从未听说过黄鼠狼吃猫。她倒想问问黄鼠狼："你看见小猫了吗，一只金色的小猫？"想想这未免有点儿可笑：它又不是人，它是黄鼠狼，哪里听得懂人话？于是她就朝黄鼠狼挥挥手：走吧走吧，我要去找小猫呢！她有点儿害怕黄鼠狼。

黄鼠狼一扭头，跑下废墟，立即不见了。

橘花走到水井所在的那条堆满废墟的街上，不住地呼唤着。

没有回应，世界就只剩废墟。

她想往远处走一走，可金叔却在后面叫她："橘花！你不要走远，你该回来了！"

橘花只好往回走。

金叔说："不用去找它，它在外面野够了，自己就回来了。它往哪儿走？往哪儿走都是死路一条。这里有小屋，有吃的，还有你护着，它也不傻，一定会回来的。"

可是，橘花自从带回这只小猫后，就一直觉得它会随时离开她。因为，她从它的眼睛里看出它心里一直在想念着什么。是它的妈妈吗？那天遇到它时，也许它就正在找它的妈妈，就像当时她找姥姥姥爷迷路了一样，它也迷路了。

她回到小屋后，还往床下看了看：没准儿，它在床下睡觉呢。她明明知道这是不可能的，但还是花了很长时间搜寻床下。确定床下没有小猫后，她就坐在门口，很耐心地等着它。

等呀等呀，等到中午，也没有看到它的影子。她想问问金叔怎么办，可是窗口并没有金叔的面孔。她知道，金叔昨天为她守在窗口，又是一夜没睡，现在睡着了。"我再去那边找一会儿，我不会走远的。"她自己跟自己说着，就又向远处走去。

她走的这个方向，是她以前从未走过的，好像是在往金叔屋子的背后走。她的眼前就是废墟，根本看不出这里原来是什么。是房子吗？是街道吗？好像是房子，但即使是，也不是那种普普通通的房子。她的眼前好像呈现出一座类似于盒子的楼房。她越仔细看，就越觉得是这样的房子。清一色的青砖青瓦之中，不时地有铁条刺向空中，还有许多缠绕着的铁丝，她好几次差一点儿被绊倒。她忽然觉得风从那边的断墙吹过，凉丝丝的，就赶紧往另一个方向走去。

她终于不再害怕，尽管眼前还是废墟，却是不一样的废墟。这里的废墟让她想到了热热闹闹的街道和平平常常的人家。她一直"喵呜喵呜"地叫着，还说着话："你在哪儿呀？和我躲猫猫吗？嘻嘻，一只猫也躲猫猫！这才真的叫躲猫猫呢！好啦，出来吧，我看见你啦！出来吧，我们回家啦！"

她只顾找小猫，完全没有注意自己在朝什么方向走。

觉得有点儿累了，她就在一棵大树下坐了下来。那是一棵桂花树，虽然已经秋天了，但枝头还有很多桂花。微风一吹，那些晚落的桂花纷纷飘下，落在她的头上、肩上。只有桂花才有的香味,给眼前这个废墟世界带来了一丝生气。她突然想起了好像已经很久没有想起的姥姥姥爷——姥姥家的院子里,不也有一棵桂花树吗?再一想到那小猫准是去找它的妈妈了,橘花对姥姥姥爷爸爸妈妈的想念,忽然从心底汩汩涌动。她忘记了一切,站起来,十分盲目地向前走去,仿佛,姥姥姥爷就在前面的家门口等她。

等她忽然想起金叔,想起那个小屋,想起自己可能会成为一个迷路的小女孩时,她已经迷路了……

金叔忽然醒来了,连忙起身扑向窗口:没有橘花!于是马上呼唤着:"橘花!橘花!橘——花——!"

就像橘花呼唤小猫没有回应一样,金叔也没有得到橘花的回应。

金叔用了更大的声音。这声音,橘花应当可以听到——只要她没有走到比这些天的行走范围还要远的地方。

没有回应,甚至也没有自己声音的回音,因为一切能够产生回音的高墙都已经成为残墙断壁。那些凹凸不平的废墟像是专吃声音的怪兽,任何声音一旦传过去,就被它们无形的大嘴无声地吞掉了。这好像是一个永远再也不可能有声音的世界。

金叔忽然觉得自己是那么渺小和无能,但他依然不屈不挠地呼唤着,再由呼唤变为呼喊。

金叔很自责:你怎么可以一睡不醒呢?你应当早早给小丫做午饭呀!这么晚了,她还没有吃午饭呢!就算让她走远一点,也应该是在她吃饱了以后呀!她空着肚子走那么远,再走回来该多么吃力!

今天的太阳好像有点儿不乐意待在天上,只想早早向西。很快就到了下午,然而,金叔依然听不到橘花的回应,这种情况自从她见到他之后就从未发生过。他已慌了神,完全不知道怎么办了。他能做的,就是大声呼喊。力气渐渐耗尽，声音渐渐变弱，他忽然看到了一只铜盆，暗淡的心里立刻燃起希望之火。他连忙找到一个木棍，开始敲击铜盆。他想，"当当当"的铜盆声，总能比他的嗓音传得更远一些吧？他坚定地这样认为，信心百倍地敲着铜盆。

没有橘花的回应。

金叔对自己说：也许她已经听到了铜盆的声音，已经在大声回答我，但因为离得远了些，我听不到。再说，她毕竟是一个细声细气的小女孩，声音就那么大。

他敲了很久，越敲越固执。

无声的世界在阳光逐步减弱之后，显得更加死气沉沉。

他的信心正随着太阳的远去一点儿一点儿丧失。铜盆的声音越来越显犹疑，也越来越小，到了最后，就好像是用一根筷子轻轻敲打似的。

就在那只铜盆马上要从他手中跌落在地时，他突然将它高高举起，然后用一根更粗的棍子极其猛烈地敲打着它的底部，"当当当"的声音，声声刺耳。

忽地，一切结束了，因为盆底被敲出了一个大窟窿。

金叔将它丢到窗外。

世界归于沉寂。一只鹁鸪从远处飞来，站在光秃秃的树上，低头看着地面——地上有一些橘花吃饭时掉的饭粒和取米下锅时掉在地上的米粒。它歪着头看了一会儿，落在了地上。可能是因为太饿了，它甚至都顾不上看看四周是否有人或是存在其他危险，就慌慌张张地开始啄食。

因为四周一片岑寂,它啄击地面的声音听上去是那么清晰:"笃!笃!……"

鹁鸪从啄食开始,就始终未抬起头看看四周,直到将地面上的饭粒、米粒都啄食干净,它才抬起头来。它还朝小屋里张望了几下,然后又扑棱棱飞到了树上。

太阳匆匆完成了它一天的使命,因为天边早有乌云在酝酿,本该是辉煌的落日,就这样草草收场了,西边的天空甚至连一抹霞光都未曾出现,大地一片黯淡。

金叔眼前的世界那么快地就模糊起来了。

"小丫在哪儿呢?"

随着寒凉的夜风越来越有力地吹拂在脸上,却依然不见橘花的身影,也听不见她的声音,金叔陷入极度的焦虑和懊悔。"我怎么会睡那么久、那么沉呀!我早就应该十分严厉地警告她不要走远呀!"他忽然使劲扇了自己几个耳光,随着又一声"橘花"的长叫,他的双手猛烈地摇晃着粗硕的铁条。纹丝不动的铁条,让他对牢笼突然无比愤恨:凭什么关我!我一没杀人,二没放火!他甚至在心中发狠:等我出去,我还要做一个江洋大盗!他很想呐喊:放我出去!放我出去!可这又有什么意义?冰凉的泪水不知何时在他那张变得更长的长脸上缓缓流淌:我要出去找那个小姑娘呀!我要去找橘花呀!我要去找小丫呀!她不能没有我,没有我她会被饿死的,会被吓死的……

他觉得眼前这个世界危机四伏,就像是一头巨大无比的怪兽,会随时吞掉小丫。

他像一个孩子那样"呜呜呜"地哭起来……

十九 桂花树

那时的橘花也在哭泣。

从知道自己已经迷路开始,她就一直在寻找回到金叔身边的方法。有几次她都觉得找到了回去的路,但很快发现,那只是看上去像而已,而实际上并不是那条路。这座城市几乎已没有街道——街道差不多都被废墟覆盖了,而废墟的样子都差不多。她就像走进了一个巨大的迷宫,总是觉得眼前的残墙断壁、老树和堆满废墟的斜街在其他地方也见过。

她会不时站在一堆废墟上四处张望,企图看到她的小屋、小屋旁边的树和金叔的屋子。

她曾经在姥爷的带领下,登临高处,俯瞰过这座城市。姥爷指着那些数也数不清的马路和小巷,对她说:"橘花你看,它们多么像人体的经络和血管!"

街道上车水马龙,就像血液在流动。可是那幅生动的景象已经消失了。

她根本看不到一条街道,自然也看不到可以回到小屋的路。

她会不时地喊一声姥姥或姥爷,但没有喊爸爸妈妈,因为她知道,爸爸妈妈并不在这座城市。她已经忘记了对小猫的寻找,而只管沉浸在巨大的恐惧与悲哀之中。

到太阳快落下去时,她忽然变得勇敢起来。"我还是去找姥姥姥爷!然后带着姥姥姥爷去找金叔,只有他们能救金叔。"她决定不再寻找回金叔那儿的路。可姥姥姥爷的家在哪儿呢?那天,她从废墟里爬出来,那么快就迷路了,现在也不知道离开多远了,更不容易找到吧?对呀,姥姥家院子里有棵桂花树!接下来的寻找,就变得很简单,看到哪儿有树就往哪儿走。可是走近那些树一看,总是失望:要么不是桂花树,要么就明显不是姥姥家的那棵桂花树。

她饿了渴了,可是捡不到任何吃的,也看不到一口水井。有一只歪斜着的水桶,里面有一些水,可能是雨水,但已经发黑了,还散发着臭味。她就是渴死,也绝对不会喝的。

"爸爸,妈妈……"

她哭着,喊着。她不是在找他们,而是想念他们——十分想念。她幻想着扑进妈妈的怀里,而爸爸正蹲在她面前,看着她的脸。

天黑下来,她再也走不动了,就在一段矮墙下坐下来。不一会儿,她竟然睡着了。

她是在风的"呼呼"声中惊醒的。周围黑团团,墨团团,她什么也看不见,仿佛有一头黑色的怪兽正在向她走来。她瑟瑟发抖,将身体紧紧地靠在矮墙上。她不哭了——她不敢哭,只是闭着眼睛,但眼泪还是从眼角滚落下来。

不一会儿,下雨了。雨点儿很重,也很凉,并且越来越稠密。她想找一个躲雨的地方,可是不敢睁开眼睛。即使睁开眼睛,也不可能看到任何能避雨的地方呀。她只能将头低下,好让雨水不要直接倾倒在她的脸上,否则,她就没法呼吸了。她就这样蜷曲在风雨之中。

她在心中无数次呼唤着姥姥姥爷、爸爸妈妈。

雨水在她的脚底下流淌着。她好像掉进了冰窟窿里,无法控制的颤抖使她的两排牙齿"咯咯咯"地打架。

就在她想到自己会在这风雨中死掉时,竟然在迷迷糊糊之中听到了小猫的叫声:"喵……"

她侧耳听着:"喵……喵……"

小猫的叫声真真切切。她再也顾不得雨水正往脸上冲刷，往猫叫声传来的地方看去。

小猫显然在朝她跑来，但它的跑动显得很困难。

"喵呜……"她呼唤着，在风雨中站立了起来，并朝小猫走去。

小猫一个劲地叫着，不要命地往她这儿跑来，她也不要命地向它跑去。她不知被什么东西绊倒了，跌趴在到处是泥浆的地上。她没有立即爬起来，而是抬起头向前伸着手。

那小猫很快就来到了她的身边。

湿漉漉的她立即抱起湿漉漉的小猫："是你吗？你是那只金色的小猫吗？"什么也看不见，她都有点儿不相信手中的小猫就是那只小猫——也许是另一只小猫呢？但无论是哪一只小猫，它在此时的出现，对她而言都是无比珍贵的。她一下子不再害怕了。她把小猫抱到怀里，然后弯下身子，给它挡住还在"哗哗"下着的雨。

那时的金叔正仰面朝天，向上苍发誓："只要让那个小女孩好好的，我从此会做一个规规矩矩的好人！……"

那场风雨，说停止就停止了，滴完最后几点雨珠，天空在一阵风起云涌之后，一轮明月破云而出，雨水变成了月光，黑色的废墟，高高矮矮，静静地站立在那儿，很有阵势，也让人心动。橘花站起来时忽然发现，自己原来正在一棵大树下——一棵桂花树！她抬头朝树顶看去，看到了一只圆圆的黑色的鸟窝。

"这是姥姥家吗？这是姥姥家吗？……"

橘花有点儿不相信，但那只喜鹊窝她认识呀！

她大声地喊叫起来："姥姥——！姥爷——！"

可是没有回应。

她没有离开这儿,抱着小猫坐在大树下,等待黎明的到来。

她问小猫:"你是去找你的妈妈了吗?找到了吗?"

小猫"喵喵"叫着,好像是在回答她:"我没有找到妈妈。"

橘花后来睡着了,醒来时,已经朝霞满天。等看清楚了桂花树,她彻底相信了:这里就是姥姥家。但她没有看到姥姥姥爷的身影。

姥姥家已经不复存在。那口水井也被倒塌下来的砖头深深掩埋了。

橘花不死心地在那片废墟上停留到中午。她本想从废墟中找到几件自己的衣服穿上,再找到一些吃的,她知道姥姥家有很多她喜欢吃的东西——姥姥姥爷总给她买吃的,但,一切都被废墟厚厚地覆盖了。她泪水汪汪地看着,一遍一遍地呼唤着:"姥姥……姥爷……"

她该去找金叔了。姥姥姥爷也许在多日不见她之后,去其他地方找她了,她在这儿是不可能看见他们的。她抱着小猫,向她自认为是金叔所在的方向走去。她绝对不会想到:也许,姥姥姥爷已经离开这个世界了。

她很聪明,每走一段路,就找一块平地,把十块砖头码成一摞。它们不是灯塔,也不像灯塔,但它们以后可以像灯塔一样,将她重新带回这棵桂花树下。

小猫挣扎着从她怀里跳到地上,在前面蹦蹦跳跳,不时地回头向她叫着,分明是引路的架势。

她被一件东西绊了一下,差点儿跌倒,低头一看,是一支被尘土掩埋了三分之二的小号。她蹲下来,用手刨开尘土,将它挖了出来。除了喇叭口有点儿变形,其他部分都还好好的。她用衣袖将它擦得干干净净,然后将它抓在手中。她认识这是小号,因为爸爸的一个好朋友是乐队里吹小号的,他常带着小号到她家来。她要把它带给寂寞的金叔。金叔告诉她，他会吹唢呐。也许会吹唢呐的人也会吹小号吧？

正午，当少有的好阳光照着前面一堆高高的废墟时，金叔看到了一个小女孩：她手提小号，衣服和头发被风吹向后面，一只小猫蹲在她的脚下。

他慢慢地，将双膝在地上跪下……

二十 药

那支小号在进入铁窗时,喇叭那部分是侧着从两根铁条之间进去的。

金叔跟一个朋友学过小号,他试了试、练了练,居然很流畅地吹奏了一首曲子。

在橘花听来,金叔的小号吹得和爸爸的那个小号手朋友一样好。

"金叔还说他是江洋大盗,骗人!金叔就会骗人!"听着嘹亮的小号声,橘花仰起头来朝金叔"噼噼啪啪"地鼓掌。

金叔说:"你以后可以走得远一些了,这号声可以传很远很远呢!你只要听到小号声,就一定能够走回来。"

一切看上去是那么美好,但还没到傍晚,橘花就生病了。她躺在床上,即使将两床厚厚的被子盖在身上,仍然还在瑟瑟发抖。昨夜的风雨使她着凉了。她长这么大,还从未感受过这样的寒冷。虽然是秋天,可是也没有这么寒凉呀!她迷迷糊糊的,不知道自己怎么了。

金叔不住地询问着。

她钻在被窝里颤颤抖抖地回答。

金叔知道,橘花发烧了,而且是高烧。他再次手足无措了。这些天来,他总是手足无措。可是,他以前是一个绝对精明强干的人呢!之前的他几乎就没有过手足无措的时候。没有什么困难在他眼里算是困难,哪怕是灾难!那些在常人眼里非常严重的事情,到了他这里,都算不得什么。不用焦愁,他总有办法。可是,现在,小丫发烧了,他能为她做什么?他什么也做不了,他甚至都不能将手放在橘花的额头,给她测一测体温、掖一掖被子。他能做的就是劝橘花咬牙起来将他烧的热水一碗一碗地喝下。他希望那一碗碗热水能将她身上的火扑灭。但他很失望地看到,橘花已经从寒冷哆嗦,演变成浑身发热。她一张小脸被烧得红红的，额头上的汗已将头发全都打湿了，好像是刚刚从雨地里跑回来。

橘花很懂事，她躺在床上，不发出一点儿呻吟声。

她在高烧中渐渐失去了力气，脑子也开始有点儿糊涂起来。金叔问她话，她总是含混不清地回答。金叔不知是询问她好，还是不询问她好了。可是，他放心不下，只能时不时地叫一声"橘花"，时不时地问一下："小丫，难受吗？"橘花每次都回答道："叔叔，我……我不难受……"这样的回答，让金叔心里更难受了。"小丫，对不起呀，叔叔无能，叔叔无能。"他真想一头将这囚室撞穿。

他再一次想到了锤子：如果有一把锤子就好了，我可以将墙砸出一个大洞爬出去！

可他只有一把在劈木材时已经有了豁口的菜刀，既不能砍断铁条，也不能将墙壁砸出一个洞。面对橘花的高烧，他束手无策。他从几根棍子中拖出那根最粗、最结实的棍子，将它插进两根窗条之间，然后像推磨一样推着那根棍子，企图将那窗条别弯，但棍子"咔嚓"断了，却不见窗条弯一点点。他很恼火地将断了的木棍狠狠地砸向那堆杂乱无章的东西，没想到那堆东西"哗啦"倒塌下来，一只装着中药材的小抽屉打翻了，里面的中药材洒了一地。他见了，眼睛瞪得铃铛一般大，然后用拳头对脑门猛地一击："你真是急傻了，怎么就忘了那十几只小抽屉呢！"他连忙将那些不要的东西胡乱地撇向一边，翻找那十几只小抽屉，最后将混在一堆杂物之中的小抽屉一个一个都找了出来。他把它们码在一起，转眼间，他好像已有了一个小型中药铺子。从前在江上风里来雨里去，免不了头疼发热，若是在深更半夜，到哪里求医？所以一年四季他的船上总会准备一些药材，好自己给自己治病。什么样的药材可以退烧，他是知道的。谢天谢地，他居然发现那十几只小抽屉里，有"柴胡""黄芩""连翘""甘草"，甚至还有"羚羊角"。他真庆幸当初的做法：只要橘花翻出什么，他就让她统统拿回来，全然不管有没有用。

不承想，现在有了用场。这也许就是天意吧？他想对橘花说："你要感谢你自己，竟然从废墟里翻出这么多小抽屉！你可知道它们有多么重要、多么宝贵？它们能救你的命呢，小丫！"

金叔赶紧生火熬药。

金叔激动而细心地烧火，慢慢地熬药。不一会儿，药味就飘散出来，一直飘到外面，甚至飘进了橘花的小屋。

他以极其温暖的声音，十分耐心地叫起了橘花，看着她喝尽了一碗中药。由始至终，橘花都很配合。也许，她不希望自己死掉，连最后一滴药汤都喝下去了。

金叔让她赶紧躺下，不要再着凉。

橘花昏昏沉沉地睡着了。

金叔就守候在铁窗前。

深夜，橘花出了一身汗之后，慢慢醒来了。她居然觉得肚子饿了，就叫道："叔叔，我饿了。"

金叔连声说："有有有，有吃的，有粥，叔叔一直给你热着呢。叔叔就知道，你醒来就会向我要吃的……"金叔高兴得了不得。他将熬好的粥盛在一只小小的瓦罐里，然后用棉被包了起来。现在把瓦罐取出来，把粥倒在碗里，依然热乎乎的呢。他用篮子将粥碗送到橘花手中："赶紧进屋，钻到被窝里把粥喝掉，千万不能再着凉了。"

橘花一会儿工夫就把一碗粥喝完了。

"躺下！躺下！"金叔说。

橘花刚才一直昏睡，现在脑门儿凉凉的，反倒有点儿睡不着了。

金叔说:"睡不着就睡不着,躺着就好。"

这两个人的夜晚——不,还有一只躺在橘花身边的小猫,实在有点儿寂寞。金叔虽然很长时间没有睡觉了,可是现在依旧毫无睡意。他看了看天空的星斗,拿起小号:"橘花,叔叔给你吹一段小号吧。"

那是一首节奏缓慢的曲子,既是欢乐的,也是忧伤的。声音单纯而明晰,在星空下响着。

橘花在黑暗中睁着眼睛,静静地听着……

二十一 鹁鸪

高烧退去,橘花的身体十分虚弱。这些天,她经常空着肚子、吃不到什么有营养的食物,身体本来就已经很虚弱了。但未等橘花愿意起床到外面走走时,新一波高烧如同荒原上的野火般,又燃烧了起来。这一回金叔没有惊慌,他又加入几味中药材,继续为橘花熬药。他的经验告诉他,高烧几次之后,才有可能彻底退去。

橘花很听话,当熬好的中药徐徐降下时,她一定会咬牙起身,摇摇晃晃地走到铁窗下,而且一定会当着金叔的面将一碗中药一滴不剩地喝完,然后朝金叔笑笑。

橘花在昏睡时,不再挣扎着让自己醒来。她好像很喜欢这样的昏睡。睡梦中,她会想起姥姥姥爷、爸爸妈妈,还有小时候的种种场景。她的眼角上会有泪珠露珠一般凝结着,等变得很饱满了时,就会缓缓流向耳朵。她的眼睛在大多数时是闭着的。她说不清楚,自己是睡着呢,还是醒着呢?

金叔见她睡的时间太长了,就会叫一声:"橘花!"

如果橘花不答应,他就会拿起小号吹着。他吹的声音并不响亮,而是缓慢的、悠长的。它会让橘花醒来,又能让她 安静地躺着。

那时,橘花睁开了眼睛。

她会永远记住这个长脸叔叔的——一辈子记住。虽然她还是一个孩子,但已经懂得什么叫恩情。她清清楚楚地记得她见到金叔的那一天,记得后来的每一天。

她听着小号声,脑袋渐渐清晰起来。高烧依旧,但她不再昏睡,或者说,她不再让自己昏睡了。

又是两次高烧。在一次洗热水澡般的大汗之后，高烧终于悄然消失了。橘花感觉自己的身体好像变得很轻很轻了，她看了看盖在身上的被子，觉得被子底下好像根本没有人。她有点儿害怕，禁不住叫了一声："叔叔……"

"在这儿呢！"

金叔看到橘花的高烧终于彻底退去，很高兴。可是，橘花不想起床。高烧好像烧尽了她全部的力气，还有意志。那样子，好像她准备就这样没完没了地躺下去，躺一辈子。

"小丫已经没有力气了。"

金叔想劝橘花撑住，到小屋外面走一走，但他没有这样做。他在想一个问题：如何让橘花吃点儿可以滋补身体的食物——她必须获得足够的营养。人们什么时候才能重返这座城市？他根本无法预料。他现在唯一的心愿就是让橘花等到这一天，等到见到她爸爸妈妈的这一天。因此，她必须获得一些可以让她坚持到那时的食物。可他也知道，这就是一个想法而已，是不可能实现的，因为他是变不出任何食物来的。这些食物，必须要通过苦苦的寻找才有可能获得，而那个能够寻找的唯一的人，却已经不能这样做了。

金叔觉得十分无助。

他看着外面那个有着无限可能的世界。他知道，这漫无边际的废墟之下、那些矗立着的半边屋子里，一定有可以滋补橘花身体的优等食物。可是，他只能空空地遐想，遐想橘花在吃了它们之后慢慢恢复元气，然后在废墟上东刨刨、西挖挖，然后不住地告诉他又捡到了东西的样子。

等他看清楚了自己在这个问题上绝对无能为力之后，他的意志陡然变得消沉了，这种感觉在此之前好像还没有过。他有点儿害怕起来。于是，他赶紧拿起小号吹着。这次，他吹的是昂扬激越的曲调。

他一边吹，一边想：小丫这个时候也需要听这样的曲子！

他必须挺直腰杆，必须相信天无绝人之路。

那天下午，他又一次看到了那只鹁鸪。它到远处觅食去了，但好像未能如愿，又飞回来了，因为这里也许还能找到吃的。它在树上歇了一会儿，就飞到了地上。遗憾的是，地上没有饭粒和米粒了。它四处寻找着，甚至往小屋里张望了几下，也许是看到了小猫，它又马上飞回到了树上。

从那一刻起，他的目光里总有这只鹁鸪……

他利用手头的材料，做了一个可以卷起又迅速放下的窗帘。

在橘花躺在床上时，他抓了几十粒米，撒在地上。

鹁鸪看到了地上的米，毫不犹豫地飞到地上，一粒一粒，很快就啄尽了。它远远没有吃饱，而那几十粒米更激起了它的欲望。它抬起头来看向窗口，因为刚才它清清楚楚地看到，米就是从那窗口撒出来的。

金叔又取了一些米，但这一次不是将它们撒出去，而是挨着窗口，一粒一粒地丢出去。

鹁鸪摇晃着身子，很快走了过来，将地上的米一粒一粒地吃完后，抬起头来，眼馋地看着金叔。

金叔当着它的面，将十几粒米放在窗台上，然后在窗口消失了。

鹁鸪没有飞到窗台上，而是飞到树上居高临下地看着那些米，但看了很久也没有飞过来。

金叔小时候好像无数次地干过此类事情，他一点儿也不着急，很有耐心地蹲在墙角。他手中握着一根绳子，那绳子通向那个窗帘。

鹁鸪飞走了，但没有飞远，只是在囚室的上空绕着圈。后来，它渐渐飞低，渐渐靠近窗台。

蹲在墙角的金叔,不时能看到它的黑色身影在窗口闪过。

它终于落在了窗台上,但没有立即啄食那些米粒,而是伸长脖子向囚室内部观望着,神情有点儿紧张,两只小小的、圆圆的眼睛透着警惕。

金叔屏住呼吸,一动不动地蹲在那里,在鹁鸪看来,那墙角里只不过堆了一堆东西。

鹁鸪在往囚室内张望时,第一眼看到的就是地上的米——好多好多米呀!但它没有很莽撞地立即飞进囚室——即使它非常迫切地想啄到那些米。它居然站在窗台上不动了,好像它不是来啄米的,而是到窗台上歇脚的。

金叔仔细打量着这只鹁鸪。他这一辈子见过无数的鹁鸪,却从未像现在这样近距离地观察过鹁鸪。阳光下,它的脖颈在闪着紫光。他看到了无数美丽的圆点点。所有这些,都是他以前根本没有注意到的。

他忽然想放弃他的计划了。

但无声无息的小屋,又让他坚定起来。

鹁鸪终于开始啄食窗台上的米。它每啄一粒米,都会停一停,往外看看,又往里看看,让金叔觉得它有可能随时从窗台上飞走。终于将窗台上的米啄完之后,它还是飞走了,可就在金叔打算去窗口看看时,它又飞回来了。接着,它又开始向室内张望——它张望的不是米,而是室内的一切。这个时候,金叔只要稍微动一下身子,它就会立即飞走,而且以后再也不会落到这个窗台上。

金叔嗓子痒痒的,很想咳嗽,但只能忍着。他悄悄咽着唾沫,毫无声息地湿润着干焦发痒的嗓子。

鹁鸪的脖子一伸一伸地向室内观望了好久好久，终于经不住白花花的米粒的诱惑，飞进了室内。它拍打着翅膀，在这狭小的空间悬浮一阵之后，落在了地上。

室内忽然一片黑暗——窗帘落下，严严实实地遮蔽了窗口。

黑暗中不断发出翅膀扇动的声音。经过很长一段时间，金叔终于在黑暗之中捉住了那只鹁鸪。

今天的夕阳分外红，秋天的傍晚也能让人觉得暖洋洋的。

金叔叫醒了橘花，然后让她起来。橘花答应着，可并不见她起来。

"橘花，你必须起来！叔叔给你熬了一碗滋补身体的药汤，你一定要喝下去。起来吧，起来吧！再不起来，药汤就凉了。"

橘花用了很长时间，才慢慢地走到铁窗下。当她端起碗来时，金叔不由得一阵担忧。因为，他看到橘花的身体一直在晃动，就像风中一棵细弱的小树苗。那只碗一直在她手上颤抖，幸好，他在盛汤时已经想到了这一点，只给她盛了半碗。

橘花刚喝了第一口，就两眼发亮地看着金叔："太好喝啦！"接下来，她一边不住地晃动身体，一边大口大口地喝着碗里的汤。

金叔告诉她："那里头有黄芪，有天麻，有丹参……"

那里头确实有这些东西，都是那些小抽屉向他提供的。但他绝对不会告诉她，那究竟是一碗什么样的汤，就是在以后也绝对不会告诉她，更不会告诉其他任何人，永远永远不会说出来——这个秘密只属于他一个人。

金叔用小火将一锅汤熬了又熬，直到他认为所有的营养都已溶解在汤里，才将灶膛的火灭掉。这无比鲜美的鹁鸪汤，他没有喝一口，只是用鼻子使劲地闻了闻，然后陶醉地闭上眼睛，好久好久。他为了让橘花喝掉这一锅汤，在心里制定了一个详细的时间表：什么时候喝第二碗，什么时候喝第三碗，全都想得清清楚楚……

不知为什么，他总会想起小时候的一棵小桃树。那是他从田野上挖回家的，栽在了家门口。可是，不知道什么原因，就见它一天一天地枯萎，不停地落叶。妈妈说："怕是活不成呢！"但他不死心，还是定时定点地给它浇水、上肥，它慢慢地又有了生气，树枝变得柔韧了，新叶也不断地长了出来……

那一碗一碗的鹁鸪汤，让橘花浑身上下慢慢地有了力气，苍白的小脸上也有了一丝红润。她喜欢起来坐在门前，或是带着小猫往远处走一走，甚至站到废墟上向东眺望那些相隔没有多远，由她亲手垒砌的一摞一摞砖头，作为回姥姥家的记号。

金叔总在吹着小号……

二十二 锤子

他们好像已经习惯了这样的生活。

橘花病好之后，个头好像往上蹿了一截，人明显地长大了似的。她暂时不再想念姥姥姥爷、爸爸妈妈。每天早上，她在金叔的小号声中醒来，起床，洗脸吃饭，然后也是在小号声中，带着小猫，拿着那根棍子，开始她的寻找。好像，自从她来到这个世界，就一直是这样生活的。有时，她会站在一堆高高的废墟上，让秋风吹着自己的脸，在小号声中放声歌唱。他们居然有共同熟悉的歌曲。

金叔的一天总是很忙，烧饭、洗衣、筹划未来的日子，而更多时候是站在窗口或是坐在窗口吹那支小号。号声是鼓舞，是安慰，是快乐，是召唤，是一根连接着他和橘花的无形之绳——无论橘花走多么远，他都可以随时将她拉回他的身旁。他甚至忘记了自己是在一个小小的、毫无出路的囚室之中，不再惦记着人们何时才能返回这座城市。仿佛这样的日子，会一天又一天地过下去，直到橘花长大成人、他老死在囚室之中。他高兴着、忙碌着，他要带着橘花将每一天都过得好好的。

他再也不想从囚室里逃出去了，而以前，他几乎时时刻刻都在想着这一点。深陷这小小的囚室，那浩浩大江没有一天停止过在他心头的流淌。他的世界里总有着大江的朦胧水汽、惊涛骇浪、不住后退的两岸青山，总有着白色的、褐色的、黑色的、黄色的风帆，总有着大船小船和那些船家哼唱的江上野歌。那个世界处处藏着危险，但也充满着他喜欢的自由。他总在想："如果哪一天，我能从这里出去……"

他现在几乎完全忘记了自己是一个囚犯。

就在这天中午，正当他拿起小号想吹响让橘花回来的召唤时，橘花却已经出现在那堆高高的废墟上。她站在那儿不动，好像从废墟那边爬上来后，已经累得不行了。小猫蹲在她的脚下。她朝金叔不住地挥手,好像在让金叔看她肩上扛着的一件东西。

一把长柄的、很有重量的锤子!

那是金叔曾经朝思暮想,但现在已经完全忘记了的工具。还要它干什么呢?一把菜刀,虽然不能砍开水泥、钢筋,但可以切菜、劈柴,可以用它的刀背钉钉子。现在小屋里和囚室里存储的木材、食物等,足以让他们等到人们重返这座城市了;即使不能,也无所谓,因为现在橘花可以在一个很大很大的范围内寻找他们需要的一切——只要她听到小号声,就一定能安然归来。

锤子!

当走到窗下时,她将锤子从肩上取下,抓在手中。因为这把锤子稍微沉重了一点儿,她很快让锤头落到了地面,然后用手扶着长长的木柄:"叔叔,我找到你要的锤子啦!"

橘花知道,金叔一直在盼望着一把锤子。

锤子被橘花放进了篮子。

金叔却没有马上将篮子吊起,而是低头看着它。

"叔叔,吊上去呀!"

金叔应了一声,这才拉动绳子。篮子沉甸甸的,好像里面放着的是自有这只吊篮以来最沉重的一件物体。

锤子被金叔拿到了囚室。他拿着锤子端详了很久之后,将它放到了墙角。在给橘花做饭时,他一直没有看它。

吃完午饭，橘花带着她的小猫又出发了。她告诉金叔，她新找到了一条小巷。她觉得那条小巷中会有很多食物。她只走了几步远，就回过头来："叔叔，别忘了在墙上记下锤子是从哪儿来的。"

金叔说："已经记下了。"

不一会儿，橘花的身影消失了。

金叔没有很快吹他的小号，而是盘腿坐在地上，默默地看着那把锤子。

一看就是一把无所不能的锤子。它默默地待在黑暗里，无论是木柄还是锤头，都在闪耀着暗光。它好像也在看着金叔。仿佛他们以前就认识，现在只是久别重逢。

金叔在看着它时，身体始终未动。他的目光冷冷的，心底的暗流却不时涌动着。

看着看着，那锤子自己挥动了起来，砸在一块冻得结结实实的大河的厚冰上，冰碴四溅，就像钻石在空中闪耀。一下又一下，突然地，冰被砸开了，一条大鱼蹦跳出来，落在冰面上……

那年，他的船被冻在了江上，他就是依靠一把大锤，从江里获得食物的。

看着看着，那锤子又挥动起来，砸在一堵墙上……

也不知过了多久，他忽然想起了橘花，连忙拿起小号，走到窗口。传向四面八方的小号声，在提醒着橘花：小丫不要走得太远，不要走到听不到小号声的地方。

那时已经接近黄昏。

一个白天过去了，一个夜晚过去了，金叔却始终未动那把锤子……

二十三 庄严的墙壁

第二天，等橘花带着小猫翻过那堆高高的废墟，不见了身影后，金叔从墙角操起那把大锤。他在手中试了很久，突然挥起锤子，猛地砸了下去。他没有砸向墙壁，而是砸向了地面。他早就看清了这一点：这座建筑的墙壁十分坚固，相比之下，脚下的楼板倒要薄弱许多。

以前放风时，他曾经观察到，这座楼的第一层并非囚室，而是看守人员临时休息和堆放杂物的地方，所有的门窗都没有安装铁条。他只要能下到一楼，就能逃脱。

一锤子砸下去，地上立即砸出了一个坑。

他又开始犹疑不定了，握着锤子呆呆地看着那个坑。过了一会儿，他丢掉了锤子，走向窗口。他不想让橘花听到他砸楼板的声音。他向远处看去：橘花还没有回来。但他并没有马上转身接着砸那看上去很脆弱的楼板，他甚至在回头看了一眼那个坑之后，拿过一块板子将它盖上了。

小号就在窗台上放着。

他拿起小号吹起来，他希望橘花能够早点儿回来。

但橘花没有很快回来，因为她出去还没有一会儿呢。她正带着小猫在那条小巷里东翻西找，她觉得这里会藏着许多宝物呢！

金叔更响亮地吹着小号，直到他看见橘花出现在那堆高高的废墟上。

橘花问他："叔叔，还早着呢，你为什么让我这么早就回来呀？"

金叔说："你身体刚好，不能累着了。我们现在有粮食呀，你昨天不是又捡回来一只大南瓜吗？我们够吃啦！你要躺到你的小床上睡一会儿觉。当你的爸爸妈妈再见到你时，应当让他们看到，小丫是一个养得很结实的小丫！不要再离开金叔了，听到了吗？"

橘花只好待在小屋里，或者是离小屋很近的地方。

那把锤子就那样无所作为地躺在地上，它的样子，像一个长得很奇怪的魔鬼。金叔在准备晚饭时，顺手把一块脏抹布丢在上面，将它盖住了。

就在那天的拂晓时分，本来一片死寂的城外，突然枪炮声大作。橘花被惊醒了，大声叫着："叔叔！叔叔！……"

这一夜，金叔根本就没有睡着，听到橘花的叫声，他立即扑向窗口："叔叔在这儿！叔叔在这儿呢！"

枪炮声就此再也没有中断。

橘花吓得坐起身，小猫蹲在她身旁，眼睛亮闪闪地看着金叔。

金叔对橘花说："橘花不要害怕，恐怕是我们的军队打过来了。如果是这样，也许我们很快就会看到人们回到城里，你很快就能见到爸爸妈妈……"

"还有姥姥姥爷。"

"对对对，还有姥姥姥爷。"

橘花一想到能很快见到姥姥姥爷、爸爸妈妈，鼻子一酸，哭了起来。

"橘花别哭了，橘花很快就能见到姥姥姥爷、爸爸妈妈了，应当高兴才是呀！"

橘花说："叔叔，我想听小号。"

"好的。"

金叔很快拿起小号吹起来。

橘花再也没有睡觉，而是一直坐在小床上，在远处越来越密集的枪炮声中，听着金叔的小号声。

天越来越亮。

吃了早饭,橘花禁不住远处枪炮声的吸引,在金叔转身去准备午饭时,带着小猫,风一般地跑向那堆高高的废墟。她站在那儿,向远处眺望着。

金叔掀起了那块破抹布,往手上吐了一口唾沫,挥起锤子,砸向了那个坑。

昨天一夜,他一直翻来覆去地想着这件事:砸还是不砸?这么容易就可以离开这里,为什么不离开呢?他为自己找到了一百个可以离开的理由。可是,现在好像又没有理由离开了。你说你不离开就会饿死,可是现在通过橘花尽力的寻找,已经有了足够的食物!你说为了橘花你一定要出去,可是橘花现在好好的,你只需要在囚室里待着给她照顾就足够了!

很快,楼板上出现了一个小窟窿——比他想象的还要快。

有了这个小窟窿,他只需要继续用锤子不住地敲打,很容易就能将这个小窟窿扩展成一个很大的窟窿。

他丢下锤子,趴在地上,用右眼从那小小的窟窿里往下看去。他看到的情形比他想象的还要容易逃跑:门已经在轰炸时产生的冲击中倒在了地上。他只要下到一楼,马上就可以离开这儿。等带着橘花找到她的爸爸妈妈之后,他就很快消失。

他久久地趴在地上。风从倒塌的门里吹进来,不住地通过那个小小的窟窿往他的脸上"噗噗"地吹。他爬起来,走向窗口,没想到橘花已经回来了。

"叔叔,你在干什么?"

橘花好像已经听到了锤子敲打楼板的声音。

金叔支吾着:"没……没干什么……"

可橘花是因为远处的枪炮声越来越响，害怕了，所以从废墟那儿跑回来的。她抱着小猫，站在小屋门口，往远处看着。

情况已经很清楚，不久，敌人就会被歼灭或是撤退。原先从这座城市离开的人，很快就会返回。金叔是从越来越猛烈、越来越有气势的枪炮声中听出来的，总攻终于在僵持了这么多天之后开始了。一切将会很快结束。他看着橘花，心里着实为她高兴。他想象着她见到爸爸妈妈的样子，不由得倚在窗口笑了起来。

橘花哪儿也不敢去了，她抱着小猫坐在小屋的门前。

吃午饭时，金叔再一次问橘花："橘花，你说叔叔到底是干什么的？"

橘花说："江洋大盗！"

"难道你真不信吗？"

橘花看着金叔："叔叔，求求你了，求求你了！你总骗人，总骗人。"

金叔看着那双清澈的眼睛，再也不说话了。他拿起小号吹着，但不是面对着外面，而是倚墙而坐，背对着铁窗吹着——不是吹给橘花听的，是吹给自己听的，或者说，也不知道是吹给谁听的。他就这么吹着，吹得无腔无调。

橘花听了，觉得金叔是故意在这样吹，不禁"咯咯咯"地笑着。

后来，他丢下了小号，目光空洞地看着墙壁。那墙上净是他根据橘花说的一笔笔账而刻下的字，所有墙面都已经刻满了。看着看着，他忽然觉得自己的字还挺好看的，不由得站起来，一面墙一面墙地看着。那些字其实并不好看，虽然不好看，但此刻看起来，每个字都无比肃穆、庄严。那些默然无语的墙壁，好像在对他诉说着什么，那些话好像很重要很重要，好像是教导，好像是嘱咐，又好像是一个临终的老人将他叫到榻前，对他说着最后的话——遗言。看着这一面面的墙，想着橘花——那个八岁的小女孩，将那些东西一件一件地从废墟里十分艰难地挖掘出来，再一样一样地交给他，又认真地仰头等着他一笔一笔在墙上刻下时的样子，他的眼泪不知不觉地流了下来。后来，他长时间地倚在一面墙上。

傍晚时，枪炮声更近了，但也越来越稀疏了。

金叔从橘花在各处捡到的各种各样的食物中挑选出一些适合晚餐的，给她做了一顿丰盛的晚饭。他觉得，他为橘花做饭的时光很快就要结束了。他还打开了一壶酒，那壶酒是橘花从一个露在废墟外面的橱柜里找到的。他倒了满满一碗。

听着枪炮声，他们高高兴兴地吃着饭。

"橘花，如果叔叔没有说错的话，我们的军队明天早晨就差不多能把敌人消灭了。"

"叔叔，你是怎么知道的呢？"

"枪炮声告诉我的，用不了多久，你就听不到枪炮声了，你很快就能听到人们的欢声笑语。"金叔喝了一大口酒。

橘花说："叔叔，你的家人很快就来找你了。"

金叔又喝了一大口酒："是啊是啊，我的家人很快就来找我了……"

橘花对小猫说："我很快就能见到姥姥姥爷和爸爸妈妈了，我就会带你回家。"

金叔问橘花："见到姥姥姥爷，或是爸爸妈妈，你要对他们说的第一句话是什么？"

"是叔叔救了我。"

"不，孩子，是你救了叔叔。要不是你，叔叔早就离开这个世界了。你要对他们说的第一句话应该是：'我长大了！'"

橘花挺直了身子。

夜晚，金叔吹了很长时间的小号。

这一夜，橘花睡得十分安宁。

枪炮声完全停息，早晨十分安静。这天的朝霞，异常美丽，整个东边的天空都好像涂满了胭脂。霞光里，飞着很多鸟。高高矮矮的断墙、残屋，就像是黑色的剪影。

"橘花，这也许是我俩一起吃的最后一顿早饭了。"

吃早饭的时候，金叔不无伤感地说。

吃完早饭，金叔很安静地坐在窗前，对橘花说："快到最后了，叔叔想给你讲一个故事。"

橘花连忙点了点头……

二十四 金叔的童话

金叔转身又看了一眼地上那个窟窿。那个窟窿很像是一只黑色的眼睛。他看着它,它也看着他,好像在问他:"到底怎么样?你只需要一刻工夫就可结束这里的生活了。"

金叔却毫不犹豫地面向窗口。他清了清喉咙,开始了他用一夜时间编织的一个故事:"从前,有一个心灵手巧的小石匠,他为了让辛苦了一辈子的父母能住上一座好房子,决定告别他们,渡过大江,到南边干活去,那边富裕,挣的钱能比这边多。那天,他登上了渡船。船行到江心时,一个浪头打过来,船猛地摇晃了一下,他差点儿滑倒。也就在这时,他的锤子从那只敞口工具箱里滑出来,在船板上骨碌碌地滚动着。他连忙去抓它,可是,那把锤子还是从船板上滑落下去,'扑通'一声掉进了江里。他向江水伸出双手,很久很久,是别人把他拉了起来。他的眼睛一直看着锤子掉下去的地方。这是他心爱无比的锤子。他用它敲打出一只一只谁看了都会跷起大拇指的石狮子;他用它敲打出来的石头门头、门墩、廊柱,那形状,那上面的花纹、鸟兽和花卉甭提有多好看;他还用这把锤子给别人制作了无数的墓碑,那墓碑好看得让活着的人都想跟他先预订一块。他十岁时就跟一个石匠师傅学这门手艺了,那把锤子是他在出师时,他的师傅送给他的。这么多年,它一直跟着他。他也就这一把锤子。他对别人说,他手艺好,其实都是仰仗这把锤子。可是,现在,这把锤子却掉进了大江。他恨不能跳进江里去打捞它。渡船到了对岸,他下了船,就蹲在码头上'呜呜呜'地哭起来,就像是一个孩子。他就那样蹲在那儿,腿蹲麻了,就瘫坐在地上。江风大着呢!后来还下起雨来,秋雨,凉着呢!雨停下,已是在夜里。天上有明月,江上也风平浪静了。他好像睡着了,又好像醒着,就看见有个仙人从江面上轻轻飘过来,问小石匠:'深更半夜的,天气又那么寒凉,你怎么在这里坐着?'"

橘花突然问道:"金叔,那个仙人是男的还是女的?"

金叔不禁大笑了一阵,然后说:"恐怕是个女的吧。"

橘花接着听。

"小石匠就将锤子掉进江里的事一五一十地告诉了那个仙人。仙人听完后说：'知道了。那把锤子真的应该跟你一辈子。'然后，她就在江边唱起歌来，其实不是歌，是能呼风唤雨的仙咒。月光照着大江，就见那把沉入江底的锤子慢慢地浮上水面，然后随着波浪向岸边漂来。等小石匠取到它时，再看仙人，她早已不在了……"

橘花听得很入迷。故事讲完了，她还出神地看着金叔。

"讲完了。橘花，你相信吗？叔叔也能做到让锤子从水里漂起来。"

橘花连忙摇了摇头。

"因为叔叔已经知道了那个仙人唱的是什么歌。你不要问叔叔是怎么知道的，反正叔叔知道，叔叔能一字不落地唱出来。只要记住它，你就能让锤子从水底浮到水面。橘花不想试试叔叔的魔力吗？"

橘花抱着小猫，看着金叔，两眼充满了好奇。

"试试吧，叔叔很想让你见识一下。"

橘花略带疑惑地看着金叔。

"这里就有一把现成的锤子呀，是你捡回来的。"

金叔说着，就拿起那把锤子，将它放进吊篮，然后将它降到地面。

"拿着这把锤子，去，走向那口水井。"

橘花好像进入了谜团，双眼痴痴地、疑惑地看着金叔。

"也许灵，也许不灵，但也没关系呀，就当是橘花和叔叔做的一场游戏吧。不用担心那把锤子，等叔叔一出去，很容易就能把它打捞上来。"

橘花完全被金叔调动起来了，她丢下小猫，拿起那把锤子向水井走去。除了想看到金叔的魔力，还有和金叔做一场游戏的兴致，她还很想听到锤子掉进水井时发出的声音——那声音一定很特别。她曾经好几次往姥姥家的水井里丢过砖头，后来被姥姥知道，在她身上轻轻打了两巴掌。姥爷说，我早就看到了。姥姥说，你看到了不说！姥爷说，我也想听呢——"咚"，那声音……说不出来的好听。

小猫一会儿跟在她身后，一会儿跑在她前面。

橘花已经站在水井旁了。她先将水桶吊起，放到井台上，然后拿起锤子，问道："金叔，可以了吗？"

金叔说："等一会儿，我先在心里唱一遍，不能唱丢了一个字——只要唱丢了一个字，锤子就浮不上来了。"他煞有介事地闭上眼睛。其实，他还在想着那个窟窿。

"好了吗？"橘花有点儿着急了。

"好了！丢——！"

橘花手一松，那把锤子笔直地坠落了下去。随即传出的声音让她激动得不得了。这些天，她能听到的就是废墟倒塌时发出的沉闷声，如此清澈的声音让她快要哭了。锤子的落水声从圆形的水井深处传上来，又渐渐消失。橘花用心听着，跪在井旁，将耳朵侧向井口，听着似有似无的余音。

终于归于彻底的沉寂。

橘花站起来，朝向金叔："叔叔，让锤子漂上来吧！"

"好的。你往井里仔细看着。"

金叔先用小号吹了一段过门，然后向着水井方向唱起来：

草青青，

水长流，

白日明月，

万里夜空一轮红日头；

树上猿，

水边牛，

鱼虾行空，

鸟羽飘飘沉在江里头；

大木桥，

石门楼，

山头白帆，

石头滚滚浮在水上头……

"锤子漂上来了吗？"

"没有呀！"

"没有？难道我唱丢字了吗？那我再唱一遍试试。"

金叔又唱了一遍："这回漂起来了吗？"

"没有！"

金叔很失望地说:"恐怕失灵了。"

橘花还趴在井口看着。

"橘花回来吧,回来吧……"

橘花抱着小猫往回走时,一直疑惑着,但心里又觉得这件事情很有趣。她看着窗口的金叔说:"叔叔又骗人!"

金叔就朝她笑。

"叔叔,你为什么让我把锤子丢在井里?"

金叔说:"叔叔不会告诉你为什么。叔叔只需要你记住,是叔叔让你把这把锤子丢到井里的。"

"我记住了。"

"千万不能忘了。"

橘花有力地点了点头。

金叔一脸少有的平静和安详的表情……

二十五 小号声声

接下来,金叔一直在忙着做午饭。

这顿饭是他从他们囤积的所有食物中挑出最好的东西做成的。看到饭菜已经全部在橘花的小桌上摆好之后,他将剩下的酒从那只酒壶中倒出。一碗多,他先喝了几口,然后将酒碗放在窗台上。就像早上对橘花说这是最后的一顿早餐那样,他对橘花说:"橘花,这也许是你和叔叔吃的最后一顿午饭了。"

酒后,金叔满面红光。

那天的下午,秋天的艳阳高高飘移在一尘不染的天空。

微醺之中,他隐隐约约地听到远处有了人声。他揉了揉眼睛,向前看,好像看见在很远的地方——因高高矮矮的废墟而呈锯齿一般的地平线那儿已经有了人影的晃动。"终于等到这一天了!"他将一只小小的背包放在吊篮里,然后放下篮子,把不远处正和小猫玩耍的橘花叫回来。

"橘花,把包背上吧。里头有你找回来的红薯干、柿饼,还有葵花子,就当是你的干粮吧,饿了就拿出来吃。好,你现在好好洗把脸,去屋里换上在你枕头下压着的干净的衣服,然后你就可以出发了。"

橘花看着金叔。

"去那棵桂花树下等你的爸爸妈妈。"

橘花很听话地按金叔说的去做了,当她再从小屋里出来时,就好像换了一个人似的。

金叔满意地点了点头:"早点儿出发。迟了,我怕人家毁了那一摞一摞的砖头,你也许就走不到那棵桂花树下了。"

橘花告别了金叔,带着小猫出发了。

"你可以一直等到太阳落下。如果等不到爸爸妈妈,就赶紧往回走。没关系,我会吹响小号,你一定会听见的,你一定会平安回到叔叔这儿的……"

橘花往前走着。

金叔为她一路吹着小号。

橘花没有回头,因为,小号声就是金叔。她觉得金叔一路在跟随着她。

那一摞一摞的砖头,还坚定地立在那儿,无声地引导着橘花,直到她走到那棵桂花树下。

她在桂花树下坐下了。

一直爱到处乱窜的小猫,这会儿却一步不离地蹲在橘花身旁,和她一起往远方眺望。

橘花也隐隐约约地听到了人声,看到了影影绰绰的人。

傍晚,橘花睡着了。睡梦中她听见有人在叫她:"橘花!橘花!"她睁眼一看,有人影在霞光里朝她跑来。

"爸爸,妈妈……"她摇摇晃晃地站起来,听上去好像是自言自语。

那霞光里,两个人的身影犹如两只大鸟张开了巨大的翅膀,向橘花飞来。

当橘花听清楚了来自霞光里的声音、看清楚了那两个身影后,"哇"地大哭起来,然后两只手抱在胸前,浑身发抖,就像站在寒冬的雪原上。

爸爸妈妈扑向了橘花,妈妈跌倒了,爸爸连忙将她从地上拉起来。后来,妈妈一直是在爸爸的搀扶下走向橘花的。

橘花突然发疯似的跑向了爸爸妈妈。

很快,她就被爸爸妈妈紧紧地拥抱在他们的怀里。很久,他们才站到离橘花一尺多远的地方,仔细打量着她。

妈妈说:"小丫好像长大了。"

橘花低着头在心里说:这是金叔让我对你们说的第一句话。

"姥姥姥爷呢?"橘花问。

妈妈没有回答,眼睛立即潮湿了。

爸爸却笑着说:"姥姥姥爷也许就在那边等着你呢。"

其实,他们早就知道,姥姥姥爷已经不在人世了。那是姥姥家一个邻居死里逃生出了城之后告诉他们的。邻居还告诉他们,当时,姥姥姥爷正在巷子里寻找不知道去了哪儿的橘花,就在那时,炮弹落下了。

　　当爸爸妈妈要带着橘花回家时,橘花摇摇头说:"我还有叔叔呢!是叔叔救了我!"

　　于是,她把这些天的故事东一榔头西一棒槌地告诉了爸爸妈妈。

　　小号声在苍茫的暮色中响着。

　　爸爸妈妈站在废墟上静静地听了一会儿,一人牵着橘花一只手,带着她向号声传来的地方走去,小猫总是蹦蹦跳跳地走在他们的前面……

2021年2月26日至2021年3月18日于橡树湾

后 记

曹文轩

我有一个习惯：将忽然想到的一个感觉上很新颖、很独特的故事随手记在笔记本上。这个故事也许是完整的，也许只是一个开头。有时，连开头都谈不上，只是一个词、一个短句而已，而这些词、这些短句，让我隐隐约约地预感到它们会让我引申出一个很不错的故事。我有不少这样的记录。要写作品了，就拿出这些本子翻一翻，总有让你眼前一亮的记录。那时，我的目光会暂时离开本子，不由自主地思索，也许在很短的时间内，就能想出一篇或一部小说的大致模样。然后，自己跟自己说：可以写它了。接下来的日子，就会总想着它。想着想着，它就越来越成模样，并越来越招人喜欢。终于有一天，你认为它已枝繁叶茂，无须再生发了，可以用文字将它呈现出来了，就会坐到书桌前，一气呵成地写成作品。

从《穿堂风》开始，只要能有时间，又能兴致不败，我可能要一部一部地写下去。

"曹文轩新小说"中的"新"字，不只是指它们是我的新作，还有"新的思考""新的理念""新的气象"等其他含义。

当然，如果要一本一本写下去，还得有一个必需的前提：这就是出版社的出版人、编辑们一个个得变成催命鬼。他们得不厌其烦地催促我，不住地用电话、短信，甚至干脆上门来问：写完了吗？我发现，一个作家能够写出作品来，其实是离不开那些兢兢业业、玩命工作、不辞辛劳、诚心诚意、无微不至的出版人和编辑们的鞭策的。从某种意义上说，稿子不是写出来的，是逼出来的。多少年以后，当你回想起这些作品的诞生、出炉到引来成千上万读者的过程，一定会在心中深深感激他们，并发誓一辈子记住他们。

一个作家绝对离不开这样一些执着而心底柔软并欣赏你的出版人和编辑。

我衷心感谢他们。

2017年3月31日上午10时于北京大学蓝旗营住宅

曹文轩作品获奖记录

1982年2月 《弓》（短篇小说） 《儿童文学》优秀作品奖

1984年12月 《第十一根红布条》（短篇小说） 《儿童时代》短篇小说征文奖

1985年12月 《手套》（短篇小说） 《东方少年》优秀作品奖

1985年12月 《古堡》（短篇小说） 《少年文艺》优秀作品奖

1986年12月 《哑牛》（短篇小说） 《少年文艺》优秀作品奖

1988年4月 《再见了，我的小星星》（短篇小说） 第一届全国优秀儿童文学奖

1989年5月 《云雾中的古堡》（短篇小说集） 中国新时期优秀少儿文艺读物奖一等奖

1992年12月 《山羊不吃天堂草》（长篇小说） 第三届宋庆龄儿童文学奖金奖

1992年12月 《田螺》（短篇小说） 海峡两岸少年小说征文优等奖

1993年2月 《山羊不吃天堂草》（长篇小说） 中国作家协会全国儿童文学作品集评奖一等奖

1993年11月 《蓝花》（短篇小说） 冰心儿童文学新作奖

1995年2月 《红葫芦》（短篇小说集） 《中国时报》年度十大童书奖

1995年2月 《红葫芦》（短篇小说集） 台湾民生报、国语日报、儿童日报、幼狮少年月刊等联合主办"好书大家读"年度短篇小说类创作最佳奖

1995年2月 《山羊不吃天堂草》（长篇小说） 台湾民生报、国语日报、儿童日报、幼狮少年月刊等联合主办"好书大家读"年度长篇小说类创作最佳奖

1998年2月 《三角地》（中篇小说） 台湾民生报、国语日报、幼狮少年月刊等联合主办"好书大家读"年度最佳少年儿童读物奖

1998年2月 《草房子》（长篇小说） 台湾民生报、国语日报、幼狮少年月刊等联合主办"好书大家读"年度最佳少年儿童读物奖

1998年8月 《草房子》（长篇小说） 第九届冰心文学奖大奖

1999年6月 《草房子》（电影） 第八届中国电影童牛奖优秀编剧奖

1999年10月 《草房子》（长篇小说） 第四届国家图书奖

1999年10月 《红瓦》（长篇小说） 第四届国家图书奖提名奖

1999年10月 《草房子》（电影） 第十九届中国电影金鸡奖最佳剧本奖

2000年5月 《草房子》（长篇小说） 第四届全国优秀儿童文学奖、第五届宋庆龄儿童文学奖小说类金奖

2000年 《草房子》（电影） 第十四届德黑兰国际电影节评审团特别大奖"金蝴蝶奖"

2000年 《草房子》（电影） 意大利第十三届Giffoni电影节铜狮奖

2000年 《红瓦》（长篇小说） 北京市文学艺术奖

2001年3月 《红瓦房》（长篇小说） 台北市立图书馆、民生报、国语日报、幼狮少年月刊等联合主办"好书大家读"年度最佳少年儿童读物奖

2003年10月 《根鸟》（长篇小说） 第六届宋庆龄儿童文学奖佳作奖

2004年2月 中国安徒生奖

2004年10月 《细米》（长篇小说） 第六届全国优秀儿童文学奖

2004年12月 《细米》（长篇小说） 北京市庆祝中华人民共和国成立55周年文艺作品征集评奖活动荣誉奖

2005年12月 《青铜葵花》（长篇小说） 《中国时报》年度十大好书

2006年3月 《青铜葵花》（长篇小说） 台湾民生报、国语日报、儿童日报、幼狮少年月刊等联合主办"好书大家读"年度长篇小说类创作最佳奖

2007年10月 《青铜葵花》（长篇小说） 第一届中国出版政府奖

2007年12月 《青铜葵花》（长篇小说） 第七届全国优秀儿童文学奖

2007年 《青铜葵花》（长篇小说） 江苏省精品图书奖、第十届中宣部"五个一工程"优秀作品奖

2007年3月 《稻香渡》（长篇小说） 台湾民生报、国语日报、儿童日报、幼狮少年月刊等联合主办"好书大家读"年度长篇小说类创作最佳奖

2007年 《草房子》（长篇小说） 凤凰传媒集团2006年度畅销书奖

2008年12月 《大王书·黄琉璃》（长篇小说） 中国图书奖

2010年10月 《大王书·黄琉璃》（长篇小说） 第八届全国优秀儿童文学奖

2010年 《我的儿子皮卡》（长篇小说） 书业营销创新论坛之"2009中国图书榜少儿类最佳读物奖"、新闻出版总署向全国青少年推荐百种优

秀图书、第三届中华优秀出版物图书奖、中国书刊发行业协会年度全行业优秀畅销品种、华东六省优秀少儿读物编辑奖一等奖

2011年9月 《痴鸡》（图画书） 新闻出版总署2010年输出版优秀图书奖

2011年 《我的儿子皮卡》（长篇小说） 新闻出版总署"三个一百"原创图书出版工程

2012年 "丁丁当当"系列（长篇小说） 冰心儿童文学奖、当当网2006—2012十大优秀中国原创童书

2012年 《丁丁当当·草根街》（长篇小说） 新华网和《中国图书商报》"年度中国影响力图书"

2012年 《丁丁当当·草根街》（长篇小说） 新闻出版总署"大众喜爱的50种图书"

2012年 《三角地》（电影） 电影频道电影百合奖评委会特别奖

2013年9月 《丁丁当当·盲羊》 第九届全国优秀儿童文学奖

2013年 《羽毛》（图画书） 上海国际童书展金风车国际原创图画书奖评委会大奖

2013年 "曹文轩纯美绘本"（丛书） 第四届中华优秀出版物图书奖、冰心儿童图书奖

2014年4月 "丁丁当当"系列（长篇小说） 2013年中国好书

2014年 《小尾巴》（短篇小说） 入选中国小说学会"年度小说排行榜"

2014年 《第五只轮子》（短篇小说） 《小说选刊》双年奖

2014年 《枫林渡》（长篇小说） 国家新闻出版广电总局"大众喜爱的50种图书"、新华网"中国影响力图书"、中国版协少读工委"桂冠童书"

2014年 "曹文轩作品"（作品集） 华东六省优秀少儿读物一等奖

2014年 "曹文轩纯美绘本"（丛书） 第三届中国出版政府奖

2015年4月 "丁丁当当"系列（长篇小说） 国际儿童读物联盟全球最优秀儿童小说

2015年11月 《烟》（图画书） 陈伯吹国际儿童文学奖

2015年 《火印》（长篇小说） 中国文艺原创精品出版工程项目、"纪念中国人民抗日战争暨世界反法西斯战争胜利70周年" 重点选题、冰心儿童图书奖、第十一届文津奖推荐图书、腾讯·商报华文好书评选"儿童类好书奖"、《出版人杂志》"年度图书"、当当网中国十大原创新书、中国出版协会"年度中国30本好书"、《光明日报》光明书榜特别推荐抗战主题出版物、中国图书馆学会全民阅读年会"50种重点推荐图书"、百道网"抗战与反法西斯胜利70周年少儿图书推荐"、《出版商务周报》24位社长总编联袂推荐的暑期书单

2015年 "鸽子号"（丛书） 中国出版集团好书榜

2015年 《夏天》（图画书） 中国图画书创作研究中心"原创图画书年度排行榜TOP10首奖"、当当网十大中国原创新书、入选百道网"中国好书榜"

2016年 《烟》（图画书） 塞尔维亚国际书展插画奖、国家新闻出版广电总局 "经典中国国际出版工程"

2016年4月 《丁丁当当·盲羊》 国际儿童读物联盟年度荣誉榜单

2016年4月 国际安徒生奖

2016年 《火印》（长篇小说） 陈伯吹国际儿童文学奖、第三届"上海好童书奖"、第四届少年中国少儿文化作品评选文学组天际金奖、国家新闻出版广电总局向全国青少年推荐百种优秀出版物、山西省全省中小学"红色的魅力"阅读活动指定书目、山东省暑期阅读书目、江苏省全民阅读活动领导小组推荐的12本好书、《人民日报》推荐阅读的100本书、深圳读书月"年度十大童书"30强

2016年 《蜻蜓眼》（长篇小说） 腾讯·商报华文好书年度十大童书、《中华读书报》月度好书

2016年 "中国种子世界花"系列（图画书） 第三届创意工业创新奖新商业模式银奖

2016年 "曹文轩典藏拼音版"（作品集） 当当童书年度新书榜TOP1

2016年 《草房子》（长篇小说） 《人民日报》推荐阅读的100本书

2016年 《青铜葵花》（长篇小说） 《人民日报》推荐阅读的100本书

2016年 《山羊不吃天堂草》（长篇小说） 《人民日报》推荐阅读的100本书

2016年 "曹文轩儿童文学艺术品牌全版权运营"项目获中央财政文化产业发展专项资金扶持

2016年10月 《蜻蜓眼》（长篇小说） 中国当代文学研究会颁发的第三届叶圣陶教师文学奖

2017年 《烟》（图画书） 入选韩国南怡岛国际图画书奖大赛

2017年12月 《蜻蜓眼》（长篇小说） 吴承恩长篇小说奖

2018年1月 《青铜葵花》（长篇小说） 被美国《出版者》评为2017年优秀作品、美国"弗里曼奖"金奖